MÉMOIRES
D'UN CHIEN DE TERRE-NEUVE
A LA POURSUITE DU SOCIALISME PRATIQUE.

PROLOGUE
A PROPOS D'UN VOYAGE.

PAR

BONIFACE CHAMAILLARD.

> C'était un homme simple, aimant à faire le bien ; Il vivait sans éclat, sans ambition, mais non pas sans honneur et sans utilité. Il était socialiste à sa facon.
>
> (Récit de Zadig.)

LILLE,

IMPRIMERIE DE L. DANEL, GRANDE-PLACE.

1848.

MÉMOIRES

D'UN

CHIEN DE TERRE-NEUVE

A LA POURSUITE DU SOCIALISME PRATIQUE.

PROLOGUE

A PROPOS D'UN VOYAGE.

PAR

BONIFACE CHAMAILLARD.

I.

A mon Pseudonyme,

BONIFACE CHAMAILLARD.

Tu n'es ni un masque pour l'hypocrisie, ni un bouclier contre la critique.

Je n'ai ni des calomnies à répandre, ni des injures à dire : je veux écrire ma pensée sans haine comme sans flatterie, sans passion comme sans faiblesse.

Tu seras le tuteur de mon indépendance, après avoir été la sentinelle de mes premières luttes dans le journalisme; ta protection m'a permis d'entendre sur mon compte le jugement absolument impartial de quel-

1849

ques hommes d'esprit : je réclame de toi un pareil appui, parce que j'attribue une grande valeur à ce genre d'épreuves appréciatives qui soumettent l'éloge ou le blâme à la filière de l'inconnu.

Du reste, je songe peu à la critique : je suis au-dessus ou au-dessous de son jugement ; au-dessus, par mes intentions, qui relèvent de ma conscience seule ; au-dessous, par le peu de valeur littéraire que j'attribue à mes écrits.

Voyageur inconnu sur les routes encombrées de la publicité, je vais à la recherche du *bien* pour le propager ; quand je rencontrerai le *mal*, je le combattrai, sinon avec l'habileté du général, du moins avec l'audace du conscrit qui, à défaut de talent, donne tout ce qu'il a, et jusqu'à sa vie s'il le faut.

Je n'ai pas de cocarde à mon chapeau, mais j'ai un Evangile dans ma poche. Au lieu de chercher une ornière pour la suivre au gré des passions humaines, j'ai demandé un guide aux lois du christianisme. Mon but n'est pas un phare qui rayonne de la gloire, des honneurs ou du profit : c'est une simple lumière qui éclaire des champs stériles où le travail moral de l'honnête homme peut atteindre au résultat que la conscience nous force à désirer : *faire le bien*.

A toi, mon pseudonyme, je dédie ce petit livre.

Je n'invoque ni un puissant du jour, ni un riche de la terre. L'un pourrait croire que je veux flatter sa puissance, l'autre oserait peut-être supposer que je convoite ses richesses ; tous les deux se tromperaient : à chacun ses joies et son ambition.

Je m'adresse à toi parce que tu n'es rien encore. Si un jour ton nom avait une valeur dans la publicité, tu pourrais avouer hardiment l'idée qui t'a créé : *L'application fraternelle de tous les genres de supériorité au bonheur selon la morale, à la civilisation selon le progrès, au progrès selon l'Évangile.*

Telle est la route que je me propose de suivre une plume à la main. Laisse-moi te dire maintenant quel est mon bagage de voyageur, au moment où je me joins modestement à la grande caravane des publicistes qui parcourent le monde des passions pour en tracer une topographie trop souvent spéculative et dans des buts bien différents.

Je suis sérieusement convaincu que tous les gouvernements *peuvent* être bons : La quantité de bien qu'ils font dépend beaucoup plus des hommes qui appliquent les principes que des principes eux-mêmes.

Par conséquent, je ne viens point aider à l'ambition d'un prétendant ; je ne suis pas politique, je suis socialiste à ma façon.

La civilisation sans la morale, c'est la débauche organisée ; la civilisation sans l'idée religieuse, c'est l'anarchie, la loi du plus fort, le gouffre qui engloutirait la société : c'est l'apogée des monstruosités humaines.

Sans la religion, sans la morale, je n'admets pas le progrès : On marche en avant ou en arrière ; ce sont des secousses qui déplacent, qui ébranlent, qui agitent, mais qui n'édifient pas. Tout ce qui avance approche du but, mais la force qui pousse n'est pas toujours le progrès qui perfectionne.

Le criminel qui suit sa route se dirige vers le bagne.

L'honnête homme qui suit la sienne arrive au prix Monthyon.

Tous les deux avancent : l'un vers le bien, l'autre vers le mal.

Le progrès n'est pas le mouvement ; c'est le bien généralisé.

Le progrès ne suit pas la marche rapide ou capricieuse de nos passions.

Par conséquent, je ne suis pas socialiste comme nos réformateurs imprudents, et je repousse toute solidarité de pensée avec ceux qui nient Dieu et la vertu pour glorifier le vol et le vice.

Le socialiste, c'est l'ouvrier du progrès ; je suis socialiste.

Il est socialiste celui qui fait un emploi fraternel de son talent ou de ses richesses ; mais celui qui demande le partage des biens parce qu'un autre a plus que lui, celui-là n'est pas un socialiste, c'est un ambitieux.

L'ouvrier *Agricol Perdiguier*, qui a fait un excellent livre sur le compagnonnage ; M. *de Monthyon*, qui a si noblement employé sa fortune ; M. *Delessert*, qui a créé les caisses d'épargne, voilà les socialistes comme je les comprends, comme je les honore. Quant aux utopies, aux monstruosités érigées en doctrines par certains hommes qui se disent socialistes, je les renie et je les méprise, parce qu'à mes yeux ils secouent le grelot de leur ambition et rien de plus.

Depuis février, on a tout fait et tout dit au nom de trois principes : *Liberté*, *Égalité*, *Fraternité*. Si les deux premiers étaient *absolus* la société n'existerait pas pendant trois jours. La *fraternité* est plus qu'un principe, c'est un dogme : c'est elle seule que j'inscris sur ma bannière de socialiste, parce qu'elle admet tout ce qui est *bien* et repousse tout ce qui est *mal*. Je laisse aux hommes politiques le soin de tracer les limites applicables à *la liberté* et à *l'égalité*.

Le plus pressé, selon moi, c'est d'instruire, d'enseigner le bien, de flétrir le mal. Celui qui, pour protéger son égoïsme, son orgueil, sa puissance ou ses richesses, veut laisser le peuple dans l'ignorance, pour donner un prétexte à la servitude et à l'exil social qu'il impose à autrui, cet homme n'est pas un bon citoyen, c'est un mauvais chrétien.

L'instruction ne doit être étendue que dans un rapport croissant avec le bien-être ; ce serait une grande faute d'élever l'enseignement d'une école quand on ne pourrait pas accroître le salaire des ouvriers qui la fréquenteraient ; le développement de l'intelligence accroît les besoins, et la nécessité est une bien mauvaise conseillère. J'ai dit tout cela dans une brochure publiée il y a déjà quelque temps, et je le pense encore.

L'envie du pauvre, l'égoïsme du riche, voilà les ennemis les plus acharnés du progrès.

La principale source du bien-être c'est l'agriculture ; pour y puiser avec succès, il faudrait des bras et de l'argent. Riche et pauvre, tout émigre maintenant vers la ville : l'un y porte ses bras, l'autre ses écus. Là est le mal, car il y a plusieurs *millions* d'hectares de terres incultes, et on n'a pas encore créé une banque agricole. La ville absorbe tout et ne rend presque rien. Là est l'obstacle au développement des richesses. Si on ne dessèche pas ce bourbier social, jamais nos hommes politiques, si habiles qu'ils soient, ne feront avancer le char de l'état, comme disent les journaux.

En province, le peuple tient peu au suffrage universel. C'est un droit politique dont il ne comprend pas bien toutes les conséquences, et auquel il renonce volontiers. Les faits prouvent ce que j'avance. Il eut préféré mille fois l'organisation d'un crédit qui, dans les mauvaises années, lui eut donné une arme contre la misère, un refuge contre la douleur.

Je ne suis point partisan d'une émancipation qui va plus vite que le progrès. L'inexpérience creuse des précipices bien profonds !!! Mais je suis l'adversaire convaincu de tous les égoïstes qui ont érigé l'ignorance en système de gouvernement, et qui, pour avoir des auxiliaires, ont cherché, non pas à convaincre, mais à corrompre.

Le nom d'un gouvernement m'importe peu ; j'examine surtout le but qu'il se propose et les moyens qu'il emploie. Tout en faisant la part des nécessités politiques, je déclare que la lèpre qui détruit les conséquences des meilleurs principes, c'est l'égoïsme des ambitieux et l'ambition des égoïstes.

Si le sentiment religieux avait réduit l'orgueil humain à sa juste valeur, s'il avait épuré la conscience publique, on laisserait bientôt tomber en désuétude et les priviléges, et les titres, et tous les drapeaux de la vanité : espèces d'étendards qui dirigent encore, et quelquefois très-utilement, le pauvre peuple qui croit trop aux hommes et pas assez en Dieu.

Tu le sais, mon pseudonyme, de ma vie j'ai fait deux parts : l'une, qui se rattache aux études sérieuses d'une profession essentiellement philanthropique et parfaitement conforme à mes goûts ; l'autre part, à laquelle je consacre mes moments de loisir et de paresse intelligente, pour écrire ma pensée sur les hommes et sur les choses des temps où nous vivons.

A mon point de vue, je suis donc un touriste parmi les ruines morales de la société humaine. Je n'ai pour guide que de bonnes intentions et je ne veux égarer personne, pour m'offrir ensuite comme un sauvetage, ce qui est l'histoire de bien des ambitieux. Je tends la main à ceux qui veulent *voir* pour chercher des matérieux utiles parmi les pierres et les décombres que nous pourrons examiner ensemble.

Je ne cherche pas la popularité parmi les curieux qui poursuivent les émotions au travers des nombreux volumes des cabinets de lecture.

Je ne sais si je serai utile : quand je me juge, je suis prêt à quitter la plume ; quand je me compare, je trouve pour ma pensée le droit de porter sa pierre à l'édifice du progrès social.

Dans mon insuffisance, je demande qu'il me soit permis de me comparer au laboureur qui, après avoir semé le grain, demande à Dieu de le faire germer. Votre intelligence, lecteur, est la terre à qui je confie ma pensée ; fécondez-la si elle est digne de l'être, vous aurez fait plus que moi, car aujourd'hui la publicité cultive beaucoup et la société récolte bien peu.

F......., I........

II.

Tous les regards ne se ressemblent pas.

Comme Joconde, j'ai longtemps parcouru le monde, et tandis qu'il passait de la brune à la blonde, il y a toute une classe d'individus plus ou moins honorables qui passent de la blonde à la brune, genre de distraction infiniment moins agréable. Ce sont les contrebandiers, et si je parle ici de ces gens-là, c'est qu'il me prend envie d'adopter jusqu'à un certain point l'industrie illégale de ces partisans du libre-échange.

Dans ce siècle fiévreux où les plus parfaites médiocrités paient à la renommée, à l'annonce, à la critique, par du charlatanisme, de l'argent, des flatteries, les droits d'une estampille en première qualité sur leurs marchandises littéraires, et acquittent ainsi en monnaie d'escamoteur le prix d'un succès, je veux, par caprice ou par tempérament, faire la contrebande aux frontières de la courtisanerie et railler le fisc des patronages intéressés et des protections à tarif préalable.

Je sais à quelles férules je m'expose, et je commence par dire que je n'ai nullement la prétention de satisfaire tous les lecteurs qui, par ennui, curiosité, indulgence, hasard même, jetteront un coup-d'œil sur ces lignes écrites sans prétention et publiées pour ainsi dire par circonstance : l'ouvrage manque aux ouvriers, et si les traces de ma plume procurent à une pauvre mère du pain pour son enfant qui n'en aurait pas eu sans celà, eh bien ! j'en supporterai plus aisément les coups de fouet que les tyrans de la critique auront peut-être fantaisie d'appliquer sur le dos de l'auteur indépendant.

Je sais depuis très-longtemps qu'on ne peut pas contenter *tout le monde et son père*. On prête cette judicieuse remarque à un émule de Sancho-Pança, écuyer d'un exmonarque aujourd'hui anglicanisé, qui, dans son dévouement pour la couronne, avait si bien arrangé les Rossinantes de la royauté, qu'elles portaient sur chaque genou le signe de la maison princière.

Or, un certain jour, l'écuyer en chef se fâcha tout rouge contre l'autre, qui ne méritait, certes, d'être ni chef ni écuyer.

— Mais animal, lui dit-il, tu as massacré ton semblable en faisant couronner la plus belle bête de l'écurie.

— Ce n'est pas ma faute si vos étalons son dévots.

-- Des veaux ! mais tu es plus stupide que ce gibier de boucherie.

— Oui, oui, et de fameux dévots encore, car à la promenade ils se mettent à genoux plus souvent qu'ils ne trouvent des croix. Du reste, fâchez-vous si cela vous plaît, *on ne peut pas contenter, etc.*

Telle est l'origine de cette réponse presque solennelle et à coup sûr banale. Je, sais bien que l'Académie des inscriptions et belles-lettres conteste le fait d'après le rapport tout récent d'un de ses membres les plus érudits, qui a passé quatre ans de sa vie d'académicien à faire des recherches littéraires et archéologiques sur ce sujet. Je regrette de ne pouvoir me ranger de l'avis de ce savant aussi utile qu'estimable, mais dans mon impartialité, je me crois obligé de reproduire ici les conclusions du fameux rapport, qui sont insérées dans le 1734.e volume des mémoires de cette compagnie, dont les chefs-d'œuvre s'impriment aux frais de l'état, ce qui est consolant pour un propriétaire écrasé d'impôts.

« D'après les inscriptions illisibles découvertes sur une vieille pierre trouvée dans les ruines de Pompéïa, nous pouvons affirmer que la fameuse réplique qui a tant animé vos savantes discussions, a été faite à l'empereur romain Héliogabale, par son valet de chambre, qui cherchait à se justifier de n'avoir pas inventé la poudre. Ce fait, de la plus haute portée historique, mérite de recevoir une éclatante sanction, et je propose de demander à M. le ministre l'extradition du bloc de pierre qui appartient à un Français établi à Naples. On pourra le réclamer pour cause d'utilité publique, et si nous l'obtenons, ce qu'il faut espérer pour le bien de l'humanité, ce sera un nouveau motif d'appliquer vos lumières à l'éclaircissement d'une question déjà controversée par plusieurs savants d'Allemagne et d'Italie. On ne sait pas d'une manière positive si ce bloc de pierre, qui est en dix-neuf mille vingt-trois morceaux, servait de baignoire à une jolie romaine ou d'auge à pourceaux; pachydermes mammifères qui forment le genre *sus*. Votre sagacité ne peut manquer de mettre dans tout son jour cette importante vérité. Ce bloc ne pèse que cinq mille kilos, et, tous frais faits, nous l'aurons ici pour 40,000 francs. Je n'aborde cette puérile question de chiffres que pour répondre d'avance aux ridicules attaques de tous les folliculaires de la presse qui accusent si sottement le pouvoir de gaspiller les fonds de l'état sous prétexte de beaux-arts. O Paris! que n'as-tu la perspective d'être un jour englouti sous les torrents de lave qui ont protégé Pompéïa et Herculanum contre l'injure des temps. O noble Lutèce! *urbis Parisiensis*, quelles belles ruines tu aurais la gloire de léguer à la postérité. »

Quoi qu'il advienne des vœux de ce savant, écrasé de décorations nationale ou étrangères, nous rendons pleine et entière justice aux travaux consciencieux qu'il a faits sur la semelle d'un vieux cothurne, qui est arrivée on ne sait d'où, par le tuyau d'un puits artésien. Les trois volumes que le fameux archéologue a publiés sur ce sujet passent à l'académie des inscriptions et belles-lettres pour une œuvre de haute philanthropie. Heureuse humanité! si les bienfaits ne sont jamais perdus, on ne peut pas en dire autant de l'utilité de certains savants qui échappe aux recherches les mieux intentionnées et les plus patientes.

Du reste, ce qui me console de ne pouvoir plaire à tous, et même aux autres dans ce petit travail, c'est que Dieu, étant juste, il ne *dicte* pas seulement au citoyen Dumas, qui a si grotesquement réclamé le privilége de secrétaire de la divinité. Ce citoyen demi-dieu ne s'est-il pas écrié, après avoir mangé sans doute une foule de biftecks d'ours : *Dieu dicte et nous écrivons*. Mais illustre Alexandre (ne pas confondre avec le grand), la voix du Seigneur étant toute puissante, et moi-même n'étant pas plus sourd que vous, j'ai le droit de prendre mes notes et de dire à nos lecteurs : voici un volume de la part du bon Dieu. Autrefois on ne demandait au ciel que des bénédictions, et si on vous croit, bientôt on lui demandera des almanachs.

Et de quel droit réclamez-vous le monopole du style et de la parole sacrée? Quels sont vos titres? Est-ce par hasard parce que vous vous êtes fait républicain du jour où vos fonctions de *Mécènes* ont cessé auprès de l'auguste et royal officier d'artillerie? Qui a donc dit que l'ennui était *la mère des sottises*? Est-ce que le drapeau que vous avez arboré sur le *Véloce* était rouge radical? ou bien la gloire vous manque-t-elle? Êtes-vous jaloux des jours de danger qu'aurait pu traverser le grand Girardin, si le danger ou lui eussent été grands. Pourquoi vous posez-vous en prophète républicain, lorsqu'il n'y a pas longtemps encore vous parliez à la justice de Paris comme un oracle du privilége, en disant que la reine d'Espagne vous avait donné ce que le citoyen Clément Thomas a *quelquefois* raison de qualifier légèrement, non pas parce que vous étiez un écrivain de mérite, mais parce que vous étiez Dumas Davy de la Pailleterie?

Ce jour-là, vous avez renié votre plus belle gloire, et aujourd'hui, vous mettez le bon Dieu comme une enseigne à une boutique! Ah! monsieur Dumas, j'ai promis à ma conscience de chrétien de protester contre cet abus de l'annonce, et pour la première fois de ma vie peut-être, je regrette de n'avoir pas un talent suffisant pour persuader à tous ceux qui estiment les journalistes et les écrivains, que vous ne trouverez pas un seul imitateur dans votre manière de placarder le nom de Dieu au pilori du charlatanisme. Au moment d'écrire un petit livre sur le bien à faire et le mal à flétrir, j'ai voulu y mettre en tête cette pensée de protestation, afin que les lecteurs qui me feront l'honneur de me lire, sachent bien que les auteurs les plus modestes ne sont pas toujours disposés à acheter la réputation au prix des plus vigoureuses excentricités.

Prêt à partir pour un voyage aux eaux de *Néris*, je promis à mon éditeur de faire un prologue de circonstance avec mes impressions de voyage. Le retard que je mis à tenir ma promesse me valut la lette suivante, franche de politesse, mais non de port :

« Mon cher ami,

» Comme je suis depuis longtemps sans nouvelles de vous, je conclus que vous en composez pour moi : s'il y a encore de l'encre dans les régions que vous habitez, racontez-moi l'enterrement de la parole que vous m'avez donnée d'être exact avec moi ; je passerai à pleurer tout le temps que j'aurai mis à corriger les épreuves de vos chefs-d'œuvre, et j'essuyerai mes yeux avec le papier blanc que vous ne salissez pas pour le triste repos de mes ouvriers et la satisfaction de vos railleurs, dont le nombre croîtra sans embellir, si vous joignez à tous vos défauts le ridicule travers de me faire poser comme un jobard que je ne suis pas ni vous non plus, ce dont je vous renouvelle l'assurance gratuite et affectueuse. *** »

Cette bourrade commerciale, quoique amicale, me meurtrit les flancs, et ne sachant que faire pour éviter une récidive, je me décidai à réfléchir que je pourrais bien avoir du zèle sans que la France en souffrît. Dam ! cette observation est peut-être plus judicieuse qu'intempestive, car nous vivons à une époque, comme le dit Béranger, où chacun se croit indispensable au sauvetage de la patrie ; et pour varier la pensée du grand poète, je dirai à mon tour : « Quand tant de gens ne sont bons à rien, pourquoi ne serai-je pas bon à quelque chose ? Par exemple, à écrire des réflexions quelconques qui, à défaut d'autre mérite, auront toujours celui de donner du travail à l'ouvrier qui les imprimera ; par suite du pain à lui, à sa femme et à son enfant. Je me pris la tête à deux mains et je la comprimai de toute ma puissance psychologique pour en faire sortir quelque produit idéal, le moins avarié possible et ayant cours à la bourse des narrations sans importance. »

Après m'être abîmé dans les profondeurs de la logique, j'ai fini par surnager dans la mer étroite du sens commun, et j'ai compris qu'en cette occurrence, mon zèle n'ébranlerait pas la basilique des institutions sociales. Je me suis donc décidé.... à prendre la résolution d'acheter, un jour ou l'autre, du papier et de l'encre. Je me suis peu inquiété des plumes, et cela par une double raison : d'abord les oies étant des bipèdes, se sont beaucoup vulgarisées parmi les choses que Dieu a faites à son image ; ensuite, si tout ce qui vole porte des plumes, je n'hésite à déclarer que nous n'avons pas de disette à craindre de ce côté-là.

M'étant enfin muni de ce qu'il faut pour incruster un peu d'esprit sur beaucoup de papier, quand on possède l'un et l'autre, je m'adressai une question grave ; une question qu'il était de mon devoir, que dis-je, de ma dignité de me poser, puisque mes engagements m'obligeaient à en livrer à mon éditeur une solution quelconque, bonne ou mauvaise, sotte ou spirituelle, fine ou grossière, flatteuse ou brutale, coquette ou profonde ; enfin, il faut bien le dire, royaliste ou républicaine, personnelle ou sociale ; une solution de la veille ou du lendemain, à moins toutefois qu'elle ne soit fossile et antédiluvienne.

Qu'est-ce donc qu'une impression de voyage?... Quatorze heures de réflexion ne m'apprirent rien, et de dépit, je m'endormis en lisant cinq alinéas de la *Presse*, dans l'espérance de rêver balourdises et faraboles, ce qui arriva. Dans cet état, je parcourus une foule de définitions : c'est un pot à colle, c'est un paquet de blagues, un bouquet d'excentricités, une gerbe de carottes, un portefeuille de commis-voyageur, un sachet de parfums gascons ; rien de tout cela ne me convenait : avant de me tailler une espèce de défroque littéraire, j'aurais voulu savoir de quelle étoffe j'allais me servir en écrivant n'importe quoi à propos de voyage.

Je connaissais bien la route suivie en pareil cas par certains auteurs, qui faisaient voyager le lecteur au travers de précipices remplis d'histoires absurdes et de contes à dormir les jambes en l'air ; déserts de romancier où le plus rare de tous les sens, *le sens commun*, n'était jamais parvenu. Mais mon intelligence ayant formellement refusé de me servir de chameau pour de pareilles excursions, je dus aviser à prendre un autre parti.

Ne trouvant rien de mieux à faire, je résolus de laisser à ma pensée toute sa liberté et de n'intervenir au nom de la logique, du bon sens et de la morale, que si la licence se mettait de la partie pour produire des excentricités qui, à titre de canards, pourraient mériter à l'auteur l'épithète de serin. N'étant pas coutumier du fait, je me rassurai, et chaque matin je me levais avec le soleil pour aller sur une petite montagne voisine de Néris, au sommet de laquelle sont placées des pierres druidiques qui me servaient de siége et de pupitre tout à la fois. Là, j'écrivais mes notes à ciel ouvert, et après une séance plus ou moins longue, je rentrais à l'hôtel d'assez mauvaise humeur, grâce à la chaleur qui me chassait très-vite de mon observatoire sentimental, mais nullement ombragé ; un de nos commensaux se figurait que j'allais courir les aventures à Montluçon, et il me dit un jour :

— Eh bien, Cupidon n'est pas aimable, il paraît, et vous êtes comme lui; votre bonheur semble aimer l'aurore absolument comme la vertu. Cependant, je crois qu'il y manque quelque chose; à votre bonheur, s'entend.

— Ma foi, vous ne vous trompez guère, j'aurais besoin d'une charmille là où je vais et d'un ballon pour y parvenir, car c'est un local interdit aux voitures. Après tout, comme le bonheur que vous me supposez n'a que le ciel pour témoin, il serait étonnant qu'il fût sans nuages.

J'avais fouillé tous les puits de Néris où la vérité de l'endroit se cachait, m'avait-on dit, pour éviter de payer la patente et l'impôt des 45 centimes. L'ayant rencontrée au fond d'une vieille citerne, je lui donnai des rendez-vous sur la montagne pour m'aider à prendre mes notes. Très-brutale de sa nature, la vérité hésita à accepter ma proposition. Mais mon air crédule ayant fini par la séduire, elle me promit sa collaboration loyale et indépendante. Son costume, me dit-elle, serait aussi délabré et exigu que celui de la citoyenne *Eve* du temps du paradis et avant que les figuiers n'eussent des feuilles; elle me dit même qu'elle serait audacieuse comme un gamin de Paris, juste comme le soleil, inflexible comme le temps, et, de plus, elle ajouta d'un air passablement cavalier, que si sa société me plaisait, elle réclamait un logement à perpétuité sur le bec de ma plume. J'acceptai avec des transports de joie tout-à-fait inouis. C'est à vous, lecteur, de juger maintenant si la vérité a tenu sa parole et si mon amabilité, comme propriétaire, a su me conserver la locataire miraculeuse que j'avais eu le bonheur de me procurer.

Quelques séances matinales sur les vieilles pierres de la montagne m'ont permis plusieurs fois de voir lever l'aurore, ce qui me plaisait infiniment, non parce que je suis vertueux, mais parce que j'aime le frais, le disque naissant du soleil, en un mot, tout l'apanage d'un jour nouveau : admirable puissance, influence magique qui épanouissent l'imagination sur les chefs-d'œuvre de la création et pénètrent l'esprit d'admiration, le cœur de reconnaissance pour tous les bienfaits que nous dédaignons souvent, nous autres favoris de la civilisation, abâtardis dans les joies impures du dévergondage sentimental, et qui n'avons pour juger le beau, ni la poésie de l'artiste, ni l'âme du chrétien. Que de décorations n'ai-je pas vues dans nos théâtres de planches avec leurs richesses en cartons. Hélas ! la ficelle et le quinquet étaient toujours là pour ternir l'œuvre de l'homme. Placé sur des rochers sauvages, j'ai eu une fois dans ma vie le bonheur de voir lever le soleil sur l'horizon de la Méditerranée. Ici, la lumière éclairait le monde et le machiniste gouvernait l'univers ! ! ! Aussi, quelle différence !

Avec un crayon et mes impressions, j'étais sur ma petite montagne comme le cultivateur qui, la bêche sur l'épaule, arrive seul dans un pays fertile mais inculte. Les trésors sont là, *c'est le fond qui manque le moins ;* il faut à l'exigence d'autrui des œuvres passionnées, ou des moissons abondantes. Juges sévères, lecteurs exigeants ou blasés, ne savez-vous donc pas que le laboureur qui confie à la terre une semence destinée à un sol différent, ce laboureur aura beau travailler, il ne récoltera pas. L'auteur qui écrit sème sa pensée au hasard, et si elle rencontre une terre ingrate dans l'esprit qui l'appréciera, elle restera stérile et peut-être étouffée par la critique et desséchée par la raillerie, par l'incrédulité.

Mais ce qui est plus triste encore que toutes ces réflexions, c'est qu'il faut subir la loi commune de l'humanité et prendre son parti des destinées à fleur de terre que la Providence nous a faites. (*Deus nobis hæc fata fecit.*) Heureux le brave qui suit sa route sans maudire les ronces et les cailloux ; sage est celui qui adopte pour boussole *la ligne droite* et que les passions n'égarent ni ne perdent.

Je le répète, avec mes souvenirs les plus récents, j'avais de nombreux sujets de réflexions ; je ne puis guère que les ébaucher dans ce prologue, mais j'en profiterai, j'espère, dans le cours de ce livre, pour montrer que mes vues de progrès, mes idées de civilisation reposent sur une expérience raisonnée des hommes et des choses.

A *Néris* seulement, pendant le court séjour que j'ai fait dans cette bourgade, n'ai-je pas vu le monde sous des couleurs bien variées?

La poussière du grand chemin, le lard fumé de l'auberge, la foire avec la cohue, le bal avec le déguisement, les ruines avec les crapauds, les masures avec les hiboux, les étangs avec les grenouilles ; j'ai vu tout cela. Je suis arrivé dans une malle-poste à six chevaux, le lendemain je n'avais pour toute monture qu'un âne dont Lamartine s'était contenté, faute de mieux, et qui avait porté le grand poète au château de *l'Ours*, dont je parlerai bientôt.

J'ai vu barboter dans les piscines, pêle-mêle, le marquis de dix siècles et le citoyen de Février. Eh bien ! je le déclare hautement, devant la nudité en caleçon, tous les hommes sont égaux ; ils sont aussi laids les uns que les autres : la colonne vertébrale d'un paillasse social a tout aussi bonne mine que celle d'un *Condé* ou d'un *Montmorency*. Au salon, j'ai causé de Rossini et de Meyerbeer avec milady ; à la cuisine, j'ai appris de Jeanneton la manière dont on engraissait les cochons en Auvergne. Dans un coin de rue, j'ai pu voir quelque chose qui avait passablement la mine d'un Lupanar ; ailleurs, j'ai aperçu un morceau de pierre massacré par le temps et les cailloux des gamins : c'étaient les débris d'une madone. Pour être vrai et rigoureusement exact, je dois ajouter que mon observation sur le logis plus que mondain a été faite à *Montluçon*, ville de huit mille âmes, très-rapprochée de Néris. Au village, il y a plus de poux sur la tête des enfants que de vice dans le cœur des jeunes filles.

Le 24 juin, à onze heures du matin, les pauvres paysannes vendaient leurs cheveux pour douze sous de calicot : ce marché avait lieu sur la porte de l'église ! Le soir, à la même heure, dans l'hôtel, une demi-douzaine de fils de famille se ruinaient par des bouillottes à un louis. Les jeunes filles du matin étaient vandales par ignorance du beau ; les jeunes gens du soir étaient barbares par insouciance du bien.

Parlerai-je maintenant de tout cela ? Peut-être. Ma plume est neuve, mon papier complaisant, ma pensée libre, je ne puis craindre de compromettre un succès auquel je n'aspire pas, et j'ai sur les hommes une opinion qui me met parfaitement à l'aise avec eux. Je crois que les plus méchants sont encore plus ridicules que méchants.

J'ai pour tout désir d'écrire quelques idées en harmonie avec celles des gens que j'aime et que j'estime. Leur sympathie est une ambition que j'avoue ; leurs conseils, comme leurs observations, seront toujours bienvenus. Mais j'ai déjà, et à propos de journalisme, fait l'expérience de certains animaux de ma race qui prennent les injures pour des arguments et les invectives pour de bonnes raisons. L'anonyme est la flèche que ces Parthes vous lancent en fuyant derrière une lâcheté pour éviter la lumière et le mépris, car en pareil cas l'un suit presque toujours l'autre. Quant à ce genre de critique, et puisqu'il m'est arrivé de le subir (j'en ai les preuves en main), je dois déclarer à qui de droit que ces épîtres sont immédiatement employées aux usages les plus vulgaires et les moins littéraires. Je le répète ici, pour le présent et pour l'avenir, mon pseudonyme n'est pas un masque. A ceux qui auraient le droit de me demander compte de ma pensée, je répondrai, justifiez d'abord de ce droit, et il sera facile ensuite de me trouver partout où des juges impartiaux le croiraient nécessaire. Ce que j'écris en ce moment n'est pas dicté par la fureur de me supposer des adversaires ou des ennemis, comme un de nos journalistes malheureusement célèbre. Je suis pour cela un trop petit moucheron à côté des lions de la publicité, de la critique ou d'ailleurs; mais je me souviens assez cependant de mon Lafontaine pour me rappeler la rage du tout puissant animal, excitée par le modeste adversaire qu'il avait d'abord raillé. Je ne sais que trop, parbleu, la faiblesse de mon aiguillon littéraire, et, du reste, je ne veux pas m'en servir pour piquer ou pour déchirer; mais cela arrive malgré soi, et il faut tout prévoir : ici-bas le plus sage est souvent celui qui prévoit le plus.

J'ai, pour consoler ma modestie, l'histoire suivante qui peut éclairer sur la valeur de bien des jugements, celui qui réfléchit sur ce qu'il lit, comme l'un des écoliers de Gil-Blas. Ici, ce n'est pas un trésor à découvrir, mais une vérité à constater :

« Dans un salon où se trouvaient des gens fort considérés parce que leur fortune était fort considérable, je lisais quelques vers à peu près inédits de l'un de nos plus grands poètes, et je les attribuais à un jeune homme du pays, étudiant à Paris, qui, grâce à quelques fredaines et à des opinions peu en retard, n'était pas, comme on dit dans la paroisse, en odeur de sainteté; quand j'eus fini, j'écoutai l'orage de la critique, et parmi les éclairs de bon sens qui jaillirent de ces riches cerveaux, je pus apprécier ceux-ci : « Mauvais, mauvais; Dieu que c'est plat, à l'œuvre on connaît l'ouvrier : ça ne m'étonne pas que les mauvais moules ne produisent rien de bon, etc., etc. » Ma fierté d'homme fut blessée de tant de sottises, et je me demandai avec tristesse si l'humanité méritait bien d'avoir été créée à l'image de Dieu. Une jeune personne qui a du bon sens et de l'esprit me dit tout bas : « Vous vous trompez, ce n'est pas de lui, car la pensée a trop de poids, et c'est sans doute ce qui a écrasé le bon sens de nos critiques. »

Et vous, lecteurs, ne cherchez pas dans ce livre de l'esprit à chaque page ; n'en a pas qui veut, et celui qui le cherche avec obstination est presque toujours celui qui ne le rencontre jamais. Je vous dirai ma pensée inexorable sur tout ce qui pourra provoquer ma réflexion ou mon observation, et je préférerai émettre une bonne idée que de barbouiller cent pages de papier pour discuter si c'est un maçon romain ou gaulois qui a gâché le plâtre de tel monument. En fait d'archéologie et d'architecture, je suis socialiste. Quand je vois une flèche de cathédrale horriblement pointue, je me demande avec peine combien d'hommes ont dû se tuer avant d'achever cette orgueilleuse maçonnerie, et je cherche inutilement dans ma Bible le passage où Dieu a dit : « Prenez ma » gloire pour prétexte, et tuez-vous en élevant des mo- » numents à votre vanité. » Dans ma conviction, le regard de Dieu doit être bien plus satisfait, si à côté d'une humble église, il peut bénir un hospice pour les vieillards, une école pour les enfants et une crèche pour les nouveau-nés. *Aimez-vous les uns les autres.*

J'ai tellement l'habitude des voyages, qu'un départ n'est guère pour moi qu'un simple changement de domicile, et ces longues promenades deviendront bientôt des périodes normales dans mon existence, si Dieu ou moi n'y mettons ordre. Aussi j'éprouve le besoin de m'accuser d'une impiété qui ne trouvera grâce devant le courroux des dévots que dans leur horreur du paganisme. Je ne possède pas de pénates et j'ai rompu tout commerce avec mes dieux lares, parce qu'ayant eu la maladresse de me mettre en délicatesse avec monseigneur Plutus, l'injuste méchanceté de ce méchant petit dieu me laisse à peine les moyens de voyager seul, j'ai dû borner mes sacrifices hospitaliers à des dîners de voyage à 3 fr. 10 cent. la pièce, que je mange moi-même pour le malheur de ma taille et pour la gloire de ma patrie, à qui je réserve, en cas de besoin, un citoyen en bon état de conservation.

Aussi quand j'organise mes bagages et que j'élabore ma petite constitution de vagabondage en prenant des notes sur mon calepin, je ne suis pas plus ému qu'un rat dans une guérite de cosaque.

Le jour de mon départ, un ami vint me voir et me dit : Dînez-vous avec moi ?

— Merci, impossible, j'ai affaire.

— Quoi donc?

— Oh ! pas grand'chose, une course qui exige quelques préparatifs.

— Nous allons peut-être, en bonne fortune, promener nos grâces sur l'Esplanade ?

— Ce n'est pas tout-à-fait cela, je crois, car j'ai six cents lieues à faire en dix jours. Si vous en doutez, venez à Néris au bout de ce temps, j'y serai avec mes bulletins authentiques de diligences et de malle-poste.

— Alors je vous laisse faire vos préparatifs ; on est si occupé quand on part. A quand le retour ?

— Dieu seul le sait ; moi, je pense que ce sera dans un mois ou deux ; du reste, nous nous verrons ce soir avant mon départ.

Là-dessus, mon ami se lève et heurte une chaise qui se renverse ; sur cette chaise, il y avait quarante-quatre paires de chaussettes en coton blanc qui roulèrent sur le parquet.

— Ah çà ! vous êtes donc marchand de bas ?

— Non, dis-je, je ne le suis ni ne pourrais l'être, car je n'en possède pas une seule paire.

— C'est vrai, ce sont des chaussettes.

— Je suis heureux de cet hommage à la vérité sur

une partie de mon vestiaire qui a égayé une ville de 19,674 habitants pendant l'été de 1846.

— Vraiment ! quelle ville ? et de quelle façon ?

— La ville de Perpignan, et de la façon suivante :

J'ai habité tout un été dans cette ville aux pavés pointus et aux platanes gigantesques ; les femmes y sont généralement fort jolies, et les maris de ce pays-là n'en ont pas pour cela le front moins accidenté... mais au milieu des montagnes, on n'y regarde pas de si près. Dans ce pays et dans ce temps-là, je possédais douze paires de chaussettes et j'en changeais une seule fois par quarante-huit heures. Un soir (ce fut celui d'un beau jour), un orage me surprit au bain de la rivière ; il plut à torrents ; j'avais des pantalons blancs sans sous-pieds et des souliers vernis à queue par derrière. Arrivé en ville, j'étais crotté jusqu'au genou, et pour marcher plus à l'aise, j'avais retroussé le bas de mon pantalon ; de petits macarons d'une boue noire et disgracieuse ornaient mes vêtements inférieurs, comme dirait un bas bleu ; c'était détestable. Au moment où j'arrivais en ville, le soleil reparut dans toute sa splendeur et illumina gratuitement mon entrée peu triomphale. J'oubliais d'abattre mon pantalon et je traversais bravement la ville sans plus de souci qu'un canard à la broche. Dans ce temps-là aussi les femmes tenaient des clubs sur le devant des portes, mais la grande politique était fort négligée, et on ne discutait guère que sur les vices des voisins et les nœuds de cravate. Pour gagner mon domicile, je passais devant un de ces clubs aux petits pieds, composé de cinq ou six demoiselles oisives et par conséquent disposées à mal faire. On me regarda beaucoup, mais je ne me trouble pas en pareil cas, et j'allai m'habiller pour me rendre ensuite à la promenade des platanes. En quelques minutes, je fus aussi bien vêtu qu'un avoué de première instance, ce qui n'est pas beaucoup dire, mais ce qui pourtant est dire quelque chose. Je me rendis aux platanes pour y entendre la musique ; j'entrais à peine dans cette admirable avenue, lorsqu'un monsieur de la ville m'aborda et me dit : Comment trouvez-vous les demoiselles qui sont devant vous ?

— Très-bien, répondis-je.

— Ma foi, vous êtes généreux, vous avez passé devant elles en négligé de bain : elles ont dit que vous étiez *nauséabond ;* le mot a été trouvé drôle, il fait comme vous, il promène et on en rit à cœur-joie.

Je fis quelques tours dans les allées, et je compris, à la curiosité dont j'étais l'objet, que je servais de pâture à la race cancanière de la capitale du Roussillonnais ; j'étais fort mécontent de moi et de beaucoup d'autres, et je me sentais de grandes dispositions à chercher querelle à n'importe qui pour n'importe quoi, lorsque je me trouvai face à face avec un général très-vieux, très-laid, dont la poitrine nuancée de mille rubans resplendissait d'une foule de plaques. Je fis alors la réflexion suivante : Si je me juge, il n'y a peut-être pas de quoi chanter victoire, mais si je me compare, il y a bien de quoi me consoler d'avoir été déclaré *nauséabond.* Toutefois, je me promis d'être moins étourdi en temps d'orage, et j'écrivis à ma tendre mère qu'un grand nombre de chaussettes blanches étaient désormais une des conditions rigoureuses de mon existence. Elle eut la bonté de me croire, et voilà pourquoi vous m'avez tout-à-l'heure accusé de bonneterie, ce que je vous pardonne.

Cela dit, mon ami me quitte, et je sortis quelques instants après pour aller prendre un repas que notre gargotier appelle un dîner, à cause de l'heure, sans doute ; comme de coutume, je trouvais à table quelques bons amis et une foule de mauvais plats. Après avoir salué les uns, je fis la grimace aux autres, et j'annonçai mon départ en faisant mes adieux ; nous nous serrâmes tous la main, et je me pris à réfléchir qu'en route je regretterais plus d'une fois aussi aimable et aussi joyeuse compagnie ; la jeunesse a cela de particulier, qu'elle sympathise plus par caractère et par instinct que par affection réelle. Quand on est jeune, on a souvent beaucoup d'amour et peu d'amitié ; les relations affectueuses dans la classe qui a de l'éducation, prouvent bien plus des qualités réciproques qu'un entraînement irrésistible des uns vers les autres. Quoi qu'il en soit, les hommes de bonne foi ne doivent pas être flattés de vieillir, car si les illusions se perdent, les qualités s'usent sous la dent de l'égoïsme, et quand l'os a été rongé, Dieu seul sait la valeur de la marchandise humaine ; si nous pouvions voir le cours de ces valeurs, nous serions tous moins confiants, et chacun, retiré dans son tonneau, ne se donnerait même plus la peine de chercher un homme : il aurait presque peur de le rencontrer. Mais heureusement que Dieu n'a pas permis au soleil de luire jusqu'au fond des cœurs, et tant qu'on est jeune et indulgent, la société apparaît sous un prisme qui éblouit quelquefois, trompe souvent, flatte toujours.

Après dîner, je rentrai chez moi faire mes derniers préparatifs pour monter ensuite en chemin de fer.

L'homme jeune, désillusionné avant l'âge, par une expérience prématurée, mais qui aime encore le beau de l'humanité, qui a cette curiosité aimante, artistique et capricieuse, qui achève par un rêve ce que la vue ne complète pas : celui-là se crée innocemment, dans les lieux qu'il fréquente, dans les rues où il passe, des points de mire sur lesquels il arrête volontairement, de temps à autre, son regard et sa pensée ; un tableau chez un marchand, un monument sur son passage, et même une jolie figure dans un magasin, tout cela sont de petites distractions qu'il préfère à d'autres, parce qu'il les a choisies.

Aussi, avant de partir, je passai lentement sur le trottoir de l'une des plus belles rues de Lille, et je regardai avec complaisance dans deux magasins différents ; j'y vis ce que je voulais voir, et je me dirigeai vers la gare du chemin de fer. Seul dans un compartiment de première classe, je m'étendis sur les coussins comme un musulman au soleil ; oubliant les houris de Mahomet et les beautés du ciel que je pouvais voir à travers la portière, je songeai involontairement à celles de la terre : rien n'est plus mondain que Morphée.

Je crois que le bon Lafontaine l'a dit avant que je ne le pense :

Car que faire en un gîte, à moins que l'on ne songe.

Certes le grand philosophe, qui l'avait si bien compris, ne se doutait peut-être pas que les voyageurs en chemin de fer seraient obligés de faire comme le lièvre de ses fables et de songer, faute de pouvoir faire mieux. Car en wagon, il ne faut pas espérer de voir et de faire des observations comme les voyageurs d'autrefois ; non, c'est impossible : on va trop vite, et je ne m'en plains pas. Quant à dormir, c'est presque aussi difficile ; car si le train n'est pas chargé, il existe toujours un mouvement de lacet qui vous berce avec une amabilité de dix lieues à l'heure et une douceur de trois cents mouvements par minute ; avec cela, Morphée lui-même eût été forcé d'ouvrir un peu les yeux, et une cargaison d'opium suspendue à la paupière ne parviendrait pas toujours à l'abaisser.

Après m'être établi de mon mieux sur le siége que le banquier israélite m'offrait moyennant finances, je cherchai à dormir, ou tout au moins à reposer : j'échouai dans l'une et l'autre de ces tentatives, et l'aspect intermittent de quelques habits verts déguisés en employés ne me présentait pas un panorama assez agréable pour me tenir les yeux ouverts par une curiosité dont je suis atteint, il est vrai, mais que j'exerce, il faut le dire, d'une manière plus artistique. Je fermai les yeux, et au bout de quelques instants je compris que mon imagination, furieuse de se trouver indignement cahotée par une machine brutale, allait me jouer quelque mauvais tour; dès-lors je dus, par suite d'une longue habitude, m'attendre aux émotions burlesques des cauchemars les plus inouïs, et je me résignai en craignant beaucoup que la frugalité de mon dîner ne me fît voir le monstrueux fantôme de quelque Gargantua en activité de service.

Mon premier rêve fut assez drôle, et aussi innocent que naïf. J'assistais à une séance de l'Académie des inscriptions et belles-lettres, et tout-à-coup je vis une perruque qui cachait un académicien et qui s'écria (je parle de l'académicien) : « Eh bien ! oui, je sais mieux que l'honorable interrupteur ce que, dans cette enceinte, nous devons entendre par *céréales* : les céréales, citoyens-messieurs, sont des nymphes, filles de Cérès, qui, du temps de Jupiter, habitaient par prédilection les champs de blé. » Tiens, dis-je en moi-même, on ne donne que 1,500 francs de frais de représentation à ce monsieur, pour trouver d'aussi jolies choses ! ce n'est pas cher.

Ensuite il me sembla que j'assistais à une conversation de jeunes filles dans un magasin d'oripeaux à l'usage du beau sexe. C'était un dimanche dans l'après-midi; les patronnes étaient absentes, et le sans gêne le plus complet régnait dans ce comité de cancans. L'une des fillettes était précisément celle que je regardais quelquefois en passant dans cette rue.

— Et ton adorateur? lui dit une camarade; si c'était pour de bon, tu ne le rebuterais pas tant. — Ah! ouisch, laisse donc! il a des lunettes et un nez à porter une horloge. — Bah! bah! il a l'air calé, et il en vaut peut-être bien d'autres. — Ma foi, s'il te chausse, faisen un soulier; moi, je m'en ris et je m'en fiche! S'il m'aimait, il m'aurait écrit; et s'il ne m'aime pas, il ferait bien mieux de ne pas me regarder : ses yeux feront comme son cœur, ils deviendront louches. Passe-moi deux sous pour acheter une cage à ce serin. »

Quoique endormi à moitié, je compris que j'étais un imbécile auprès de cette jeune fille, et que, ne pouvant pas l'épouser, j'avais été un sot de ne pas chercher près d'elle, au moyen d'une lettre, le passeport sentimental d'un amour qui, en cas de partage entre nous, aurait fait d'elle une pauvre poupée destinée à entretenir la dissipation d'un audacieux don Juan.

Le même rêve me fit lire dans la pensée de l'autre jeune fille, qui avait, lors de mes promenades, une part dans mes regards curieux. — Elle se couchait et était en train de faire de charmantes petites papillotes. — C'était une de ces figures douces, rêveuses, et qui sentent, comme les fleurs par un jour d'été, que l'eau leur manquera pour fleurir sur cette terre. Sa physionomie, grâcieuse et résignée, ne laissait pas de prise aux griffes de l'amertume qui inondait sa pensée. — « Lui, comme tant d'autres, me trouvera jolie, grâcieuse ; il me regardera, il m'écrira, me suivra le soir. Tous me diront qu'ils m'aiment ; pas un, peut-être, s'il est riche, ne me tendra la main, comme un homme de cœur devrait toujours le faire quand il dit à une pauvre jeune fille : *je t'aime !* »

Je me réveillai tout-à-fait : Cette fille, en jugeant sa triste position, venait de voir et de me faire voir l'horizon actuel de l'humanité. La vue, pour moi, je le dis avec le fameux Bilboquet, n'en était pas neuve, mais elle était désolante.

Ainsi, de deux enfants que la Providence avait jetées sur terre pour y être heureuses et chrétiennes, pas une ne pensait échapper aux rigueurs de la société telle qu'elle est : l'une voulait descendre de son mieux dans le précipice du monde, et n'en regardait pas le fond ; l'autre tremblait devant le gouffre et eût peut-être donné toute une vie d'amour et de dévouement à celui qui aurait offert à sa jeunesse et à sa beauté une main aimante et généreuse.

A l'une et à l'autre il manquait le bien suprême : *l'Espérance.*

Oui, l'espérance qui lutterait avec le vice, qui abriterait contre les passions humaines, le pauvre, le faible, le malheureux, l'opprimé.

Oui, l'espérance est la première dette qu'un état bien organisé devr it acquitter envers tous les citoyens. Mais quand cela viendra-t-il ? Cela viendra, lecteurs, quand *l'envie aura disparu du cœur du pauvre, et l'égoïsme du cœur du riche*, comme le dit Victor Hugo ; et notre devoir à tous, c'est de chercher à atteindre ce noble but et à prêcher d'exemple. Mais nous n'y arriverons pas si la badauderie de l'esprit français écoute avec curiosité ou crainte les stupides systèmes des Proudhon, si le bon sens ne relègue pas dans le grenier du mépris et du ridicule tous les rats utopistes qui veulent manger le fromage social, sans distinction d'appétit et de grosseur; nous n'y arriverons pas, surtout si nous encensons toujours les arlequins à grelot doré, et si nous trouvons juste et bon que les Rotschild et autres rois métalliques de l'Europe fassent faire dans leurs wagons des places *pauvres*, où une incommodité *calculée* résulte... Savez-vous de quoi, lecteurs ? Vous croyez peut-être que c'est de l'absence de luxe et de coussins ; détrompez-vous ! elle résulte de l'économie de trois pouces de planche sur la largeur des sièges ! ! !

III.

En avant, marche!

J'arrivai donc enfin dans cette ville immense, comme le dit l'auteur du *Pré-aux-Clercs*, mais je dois déclarer qu'à défaut de bonheur elle me ravit toujours beaucoup d'argent ; c'est le seul reproche personnel que je puisse adresser à cette capitale, car, à titre d'original, je place mon bonheur dans des choses si excentriques, que mes ennemis seraient fort embarrassés, et peut-être fort attrapés, s'ils parvenaient à me VOLER mes jouissances d'ici-bas, ou à les partager avec moi.

Je ne savais pas bien au juste le temps pendant lequel je séjournerais à Paris. J'allai d'abord voir quelques amis, et il fallut forcément causer politique; aujourd'hui on ne connaît que cela. Jamais, en France, le dévergondage des idées sociales n'est allé si loin. La pensée renfermait encore quelques richesses : on les a prostituées dans la boue d'une licence dont certains journaux ont été les partisans. Mais passons : lorsqu'interrogé de tous côtés sur mes opinions, j'ai répondu avec entêtement : — *Progrès, Fraternité, ce sont les deux germes à féconder avec les idées du Christ; sans cela, rien.* — Oh! alors, on m'a dit rêveur, paysan de village. Soit, ai-je pensé; vos utopies finiront, et la grande loi de l'Evangile survivra, parce que le bien seul sera éternel. Heureusement j'étais libre de fuir des gens à qui la fièvre des discussions donnait à chaque instant des attaques de patriotisme à effrayer plus hardi que moi dans les épidémies de politique populaire.

Le chemin de fer me conduisit à Orléans. Obligé d'attendre pendant deux heures le départ de Bourges, j'entrai en ville dans l'espérance d'y trouver, cette fois, des curiosités que je n'avais pas aperçues dans d'autres voyages. Mes prétentions ne se réalisèrent pas; mais je remarquai avec bonheur des travaux d'assainissement qui avaient alors une double utilité, puisqu'ils donnaient de l'ouvrage aux travailleurs, et qu'ils préparaient un préservatif contre les maladies que l'encombrement occasionne dans les grandes villes et qui ajoutent la douleur à toutes les autres misères du pauvre. Si beaucoup de villes, qui ressemblent à des cloaques, songeaient à se désinfecter et à donner aux poumons une nourriture qui ne fût pas empoisonnée, nous croyons que les deniers municipaux recevraient alors un emploi plus juste, plus *fraternel*, que celui qu'ils reçoivent lorsqu'on sculpte des colonnes pour les portiques de la mairie ou des socles de statues.

Un pays n'a pas le droit d'être artiste quand il a les pieds dans la boue, la tête dans une atmosphère impure, et que, grâce à cet état de choses, le septième de sa population meurt phthisique après avoir donné naissance à des enfants tuberculeux.

Peu m'importe à moi, socialiste à ma façon, de voir une belle statue, si, par la faute de ceux qui emploient mal l'argent et le crédit, l'enfant qui joue sur les magnifiques marches du monument ne peut se tenir debout parce qu'il est faible et rachitique ; s'il ne peut respirer parce que ses poumons sont tuberculeux.

Je veux qu'on s'applique à faire du beau avec des hommes, et non avec des pierres ou du marbre.

Si je croyais qu'une créature humaine dût périr faute d'un égout, je démolirais plutôt toutes les colonnades pour assainir un quartier que d'assister impassible à la mort d'un frère.

Il me semble déjà entendre crier au paysan, au barbare. Mais peu importe, le bon sens aura son tour tôt ou tard, et en attendant que chacun ait le courage de son opinion, je n'exprime la mienne ni pour la première, ni pour la dernière fois. Tant que je verrai déserter la terre et l'agriculture, négliger la santé et le bien-être, je crierai aux travailleurs : *ingrats*, et aux savants ou aux riches : *utopistes*.

Je quittai Orléans après avoir donné à la municipalité mon approbation muette, mais heureux de voir que le bon sens avait des partisans dans la patrie du grand Pothier, ce qui prouvait bien, qu'on nous passe le mot, que tous les citoyens de cet homme de génie n'étaient pas des cruches.

De midi à quatre heures, je traversai la Sologne :

terre aride, marécageuse, où la fièvre prospère et la végétation languit, ce qui ajoute deux misères à la vie du pauvre paysan. Que faudrait-il pour guérir tout cela? Des bras pour creuser des canaux et saigner les marais: il paraît que depuis la république un grand nombre d'ouvriers sont employés à ce genre de travaux, et nous reconnaissons ici que le gouvernement s'est engagé là dans une voie véritablement philantropique. Mieux vaut tard que jamais. Un peu de bien guérit ou efface souvent beaucoup de mal.

Vers cinq heures, j'étais à Bourges; qu'est-ce que Bourges? Une ville horriblement bâtie: les habitants ont le nez pointu et le front fuyant, ce qui n'empêche pas que cette ville ne passe pour être la plus centrale de France et ne serve d'arsenal aux canons des fortifications parisiennes. On y dîne aussi mal qu'ailleurs, mais il paraît que l'air y est très-nutritif, car notre hôtesse avait une taille à faire envie à un tonneau de vin. J'aperçus le mari qui était aussi très-convenablement volumineux, et je pensais que si ces deux époux faisaient réciproquement le tour l'un de l'autre trois fois par jour, ils devaient être furieusement fatigués le soir.

Après dîner, je montai dans le coupé d'une mauvaise voiture, que les habitudes du langage berrichon font assez généralement considérer comme une diligence. Nous étions trois dans ce coupé, qui eût à peine suffi pour deux bourgeois en paletot et doués d'un abdomen quelque peu respectable. Mes compagnons d'infortune attaquèrent sur-le-champ le chapitre de la politique, et se mirent à débiter des monstruosités sociales qu'ils placèrent à cheval sur l'égoïsme le plus robuste, pour les lancer ensuite dans le champ clos des théories spéculatives et d'un usage tout personnel, cela va sans dire. — Impossible de fuir. — J'eus un instant l'idée de faire de la réfutation, mais un des arguments favoris de mes voyageurs me fit comprendre qu'une montagne de bonnes raisons est toujours invisible pour les taupes humaines dont l'intérêt personnel a bouché les yeux à chaux et à sable, comme dirait un maçon.

A cinq heures du matin, j'avais parcouru vingt lieues de plaines et de forêts dont je ne puis faire la description, parce que je n'ai vu ni les unes ni les autres, ce qui, soit dit en passant, n'est pas un motif suffisant pour des narrateurs à imagination comme Dumas, grand seigneur de la Pailleterie. J'étais à Montluçon, ville fort sale, fort mal bâtie, et qui ressemble, en grand, à des nids de rats construits autour d'une veilleuse en porcelaine, dont le château nous représente assez exactement l'image.

Malgré l'heure indue, je demandai à déjeuner, et l'hôtel du Dauphin m'offrit, moyennant deux francs soixante centimes, un repas matinal, mais nullement frugal : c'était parfaitement servi, et le cuisinier me parut beaucoup plus fort sur le bon sens gastronomique que mes voyageurs du coupé sur la science sociale.

Pénétré d'admiration pour ce disciple du grand Carême, je lui demandai l'adresse d'un hôtel de Néris, où je serai tous les jours en carnaval moyennant une somme honnête mais modeste ; il m'indiqua l'hôtel Rochette, dont je parlerai plus tard et qui justifia mes espérances digestives.

Néris est à sept kilomètres de Montluçon ; le temps était très-beau, je laissai mes bagages au Dauphin, et je partis à pied, pour voir le plus tôt possible le pays que j'allais honorer de ma présence. J'avais toutefois pris le temps de faire ma barbe et de changer de linge, choses importantes pour moi, même lorsque je vais visiter un aubergiste.

Je parcourus, en faisant ma route, un pays extrêmement accidenté, très-pittoresque, orné de grands arbres, de moulins à roues de bois, et d'une foule de très-maigres ruisseaux, qui en été, doivent être insuffisants pour abreuver les merles.

Néris est à mi-côte sur la route nationale de Bourges à Clermont ; une fort belle rangée de tilleuls conduit à un petit jardin qui sert d'antichambre rustique à l'établissement des bains. Sur la gauche est l'hôtel Rochette, qui a vue sur les bains, la place et le jardin. L'extérieur de cette auberge me plut par un air de propreté et de convenance ; mais j'aperçus devant la porte une superbe fille, qui faisait plaisir à voir tant elle était de belle taille et d'une jolie carnation. Diable, fis-je en moi-même, le veau doit être de bonne qualité ici : le cuisinier a là un nourrisson qui lui fait honneur.

La belle fille me reçut comme l'enfant prodigue, car les bagineurs étaient rares, et elle me conduisit à sa maîtresse, qui fut très-accommodante. Je dis ensuite à Antoinette (c'était le nom de la belle fille) de me préparer un lit et de le faire avec autant de soin que si elle devait y dormir elle-même : recommandation purement logique et dépourvue d'arrière-pensée.

Je m'installai, me couchai et m'endormis, le tout à mon entière satisfaction. Après quatre heures de sybaritisme, je parcourus la ville et tout ce qu'elle renferme de curieux. Mais j'avais, comme les gourmands, mangé mon meilleur morceau le premier ; car Antoinette est certainement une des choses les plus intéressantes de Néris, et ses espiègleries ont égayé plus d'une fois les habitants de l'hôtel.

IV.

Néris en Bourbonnais.

Je suis allé aux eaux dans plusieurs départements, et une remarque inévitable pour tout observateur, c'est que les villages où sont situées en général les sources thermales, se trouvent divisés en deux parties : on dit sans hésiter la ville haute et la ville basse, pour désigner les deux quartiers principaux d'un amas de maisons qui logent quelquefois 7 ou 800 habitants au plus ; mais je dois ajouter que je ne comprends, dans mon recensement, ni les chiens, ni les chats, ni les petites bêtes qui font des attroupements illégaux et malpropres sur la tête des enfants et même de quelques personnes qui ont passé l'âge de l'innocence.

Néris a sa ville haute qu'on appelle aussi *le Bourg*, et sa ville basse, qui se désigne sous le nom *des Bains*.

Le bourg est traversé par la grande route ; sur la gauche, en allant à Clermont, on voit une petite et bien modeste église, bâtie sans goût, sans un atôme de pensée architecturale ; le charpentier qui a construit le clocher avait sans doute vu une fois en sa vie un dessin de pavillon chinois ; il a voulu l'imiter et a parfaitement réussi à donner à son œuvre un caractère original, puisqu'à proprement parler, cela ne ressemble à rien.

La poste aux chevaux se trouve au bourg, ainsi que la poste aux lettres, dont nous aurons à parler plus tard, car la directrice est un de ces types de bienveillance, de bon vouloir et d'exactitude qu'un baigneur apprécie bien vite, pour peu que sa correspondance soit active.

Tous ces bâtiments, toutes ces maisons du bourg ont un caractère de simplicité campagnarde que l'on ne retrouve pas aux bains ; l'église surtout est dépouillée de luxe, et la prière que le chrétien vient y offrir à Dieu monte naturellement au ciel, sans affubler sa pureté religieuse d'un entourage de pompes mondaines qui ont, selon moi, quand on les exagère, le privilége de rappeler les faiblesses de la terre, lorsque la conscience ne devrait demander ses inspirations qu'à des pensées divines et dépouillées de tous les oripeaux dont l'homme couvre son orgueil.

Aux Bains, à la ville basse, l'établissement des eaux est ce qu'il y a de plus remarquable : c'est un grand carré de construction en pierres de taille ; un seul côté est terminé et renferme des cabinets pour bains, douches, etc., etc.; il y a aussi deux bassins magnifiques qui servent de bains communs à des malades que l'inspecteur désigne et qui ont besoin de faire des mouvements de natation ; ce sont les piscines : l'une est destinée aux femmes, et l'autre aux hommes. A côté de ces piscines, couvertes par des vitrages, se trouvent des cabinets de toilette.

A une extrémité du bâtiment est un très-joli salon de lecture et de musique ; il y a un piano, et pendant la saison, tous les journaux sont à la disposition des baigneurs.

Le médecin-inspecteur qui a la haute main sur l'établissement, est un homme excellent, parfaitement intentionné pour le bien-être des baigneurs, et qui possède une remarquable richesse de narration. Le régisseur est poli, convenable et complaisant comme les employés ne le sont presque jamais ; c'est une exception dont il faut lui savoir gré.

Il y a en outre, en face de l'hospice, à quelques pas du grand établissement, un bâtiment avec des piscines et des baignoires ; il est destiné aux malades qui ne peuvent payer les frais de bains.

L'hospice donne la nourriture et le logement gratuits à 300 malades environ qui arrivent successivement cinquante par cinquante, et qui, après vingt jours de bains, cèdent la place à d'autres ; trois bonnes sœurs dirigent le service avec cette bonté, cette douceur, cette abnégation qui font de la femme un ange quand elle n'est pas tout autre chose.

Cet hospice a peu de revenus, infiniment trop peu, car les bonnes intentions ne se réalisent que dans la limite du possible ; cependant il prospère et fait beaucoup de bien. Voilà un établissement sincèrement socialiste qui s'appuie sur une base toute chrétienne, *la charité*, et qui, en dehors de toute passion, soulage bien des infortunes.

Allons, riches baigneurs, nous sommes tous égaux devant la douleur; vieillards qui thésaurisez, jeunes fous qui dissipez, envoyez quelques louis à la bonne sœur trésorière, elle priera Dieu qu'il veuille bien le rendre en indulgences, aux premiers, pour les péchés passés, aux seconds pour les péchés à venir.

Les hôtels de Néris sont fort nombreux; il y en a douze ou quinze, dont sept à huit sont les plus importants. Ces hôtels ne présentent rien de remarquable; ce sont de vastes maisons très-bien meublées et disposées pour loger autant que possible. Indépendamment des chambres et appartements, chaque hôtel possède un fort beau salon, où les baigneurs se rassemblent pour jouer, danser et faire de la musique.

Du reste, en général, les hôtels ont une clientèle qui appartient à une classe toute particulière de la société, ou à une nuance d'opinions passablement tranchée. Ainsi, chez *Dumoulin* on y trouve la vieille aristocratie; *Lafont-Biton* reçoit la noblesse d'argent créée par Louis-Philippe, qui lui a fait part de ses défauts sans partager avec elle les qualités qu'il possédait comme politique. L'*Hôtel-Rochette* est une auberge *arc-en-ciel;* on y voit toutes les nuances de position et d'opinion, et toutes ces nuances s'accordent et se trouvent parfaitement dans la maison. La table est excellente; M. Rochette est le chef de cuisine, et je n'hésite pas à déclarer que les *gâte-sauces* de Véfour n'ont rien à lui apprendre. Du reste, il a marmitonné, je crois, à la *Maison-Dorée*, et si on a dit des Bourbons qu'ils n'avaient ni rien oublié ni rien appris, je dirai de M. Rochette qu'il a tout appris et rien oublié, en fait de sauces Robert ou autres.

Les logements de l'hôtel sont très-bien et très-proprement tenus par Antoinette, qui, tout en restant fidèle à son costume d'Auvergne, trouve le moyen, avec les étrennes des baigneurs, de vous servir à table avec des dentelles sur le cou et de la guipure à la tête. Sacrebleu!

cela donne de l'appétit, et si j'avais autant aimé le veau que certains de mes amis, j'aurais mangé toute la journée pour avoir le plaisir d'admirer la chair fraîche et si grâcieusement couverte de mon écuyère-tranchante. Malheureusement, la disposition de mon estomac n'admet pas la mastication du bœuf ou du veau pendant plus de deux heures par jour. Quelle détestable chance ! ! ! !

M.me Rochette est une toute petite femme bien complaisante et d'un très-bon caractère. Un seul trait le prouvera. En causant avec elle des divers hôtels de Néris, elle me dit : « Du reste, on est bien partout. »

Une aubergiste impartiale, c'est rare ; une femme nullement jalouse, c'est phénoménal ! aussi je raconte le fait qui passera à la postérité tout aussi bien que l'histoire des *Quatre fils d'Aymon*.

Il n'existe à Néris qu'un seul livre sur les eaux thermales ; ce livre a de la valeur ; il a aussi sept cents pages et pèse un demi-kilo, ce qui fait qu'un épicier ne perdrait rien à l'acheter quinze centimes ou même quatre sous de Monaco. On apprend au moyen de ce livre, ou sans lui : 1.° que les eaux sont très-chaudes ; 2.° que les grenouilles ne la boivent pas sans une répugnance que je qualifierai de considérable ; 3.° qu'à Néris le soleil se lève avant midi ; 4.° que les eaux sont salines et guérissent les maladies quelconques des deux sexes avec certitude et impartialité ; 5.° que Néron était un gredin et les eaux des thermes bienfaisantes. *Quid pejus Neron quid melius thermis Nerionalis*, dit l'auteur du livre ; 6.° que le nom de Néris vient de Néron ; opinion appuyée par une dissertation de la force de trente-six chevaux élevés à l'École normale. Du reste, j'aime mieux le croire que d'y aller voir.

A Néris et tout autour de la ville, la végétation est fort belle, quoiqu'il ne soit pas possible de labourer la terre à plus de six pouces, car même à cette profondeur, le soc de la charrue s'arrête sur des fondations romaines et soulève du ciment. Tout porte à admettre que les descendants des Tarquins ont longtemps habité ce pays ; il paraît même que sous le grand établissement des bains il existe les ruines des thermes de Néron, ce qui est très-consolant pou lesr éclоppés du dix-neuvième siècle contemporains du célébre Raoul-Rochette, le *Christophe Colomb* des vieilles masures, le *Vasco de Gama* de la brique pilée et cimentée sous Numa Pompilius et la nymphe Egérie.

Les environs de Néris sont assez pittoresques ; la main de l'homme a détruit les œuvres des Romains et placé à chaque coin de terre la borne triviale de nos agriculteurs : mais elle a été forcée de respecter ces sublimes beautés de situation et de grandiose, dont l'aspect rappelle à l'homme et sa propre faiblesse et la toute puissance de celui qui a suspendu un rocher à trois cents mètres au-dessus de la violette qu'arrose le petit ruisseau de la vallée.

L'hôtel Rochette est un caravansérail qui ferait honneur aux auberges les plus huppées de l'Orient, sous le double rapport du bien-être et de la tranquillité. Un baigneur ne se réveillerait peut-être pas tant il fait bon dormir à l'hôtel Rochette, si des enfants employés aux bains et appelés *postillons* ne venaient prévenir que l'heure de faire la planche ou le plongeon est arrivée pour les malades des *piscines*. C'est vers cinq heures du matin que les postillons viennent crier d'une voix nazillarde : « *Monsieur, votre piscine est* PRÊT. » Ces enfants, d'un âge en général fort tendre, ne se servent pas du genre féminin en pareil cas, et notre réserve nous impose l'obligation de ne pas rechercher la cause d'un semblable état de choses.

Vers cinq heures commence donc le branle-bas de la baignade. Beaucoup de baigneurs vont à pied, mais il en est quelques-uns qui se font voiturer dans une chaise à porteurs. Les dames surtout usent de ce genre de locomation, dans le double but de ménager leurs jambes et de ne point paraître en public dans un négligé dont l'indiscrétion ne serait pas toujours avantageuse et donnerait quelquefois un grave démenti à des beautés qu'une toilette plus soignée embellit ou crée, selon le degré de coquetterie et la quantité de coton cardé usitée en pareil cas.

C'est à peine si l'on peut apercevoir une baigneuse traversant l'escalier; et, règle générale, le coup-d'œil est absolument différent de celui que la malade plus ou moins gracieuse présente lorsqu'elle est sous les armes légères de la fabrique de Malines ou de Valenciennes.

A huit heures à peu près tout le monde est de retour du bain, et jusqu'au déjeuner Morphée est remis en possession d'une foule de choses dont l'ensemble constitue soit un homme, soit une femme, soit un bijou de dix-huit ans, soit une antiquité du temps de Mathusalem.

A cette heure, on ne reçoit aucune visite dans son appartement. C'est le moment du linge sale et des propos intimes ; la discrétion et la pudeur de mon sexe ne me permettent ni de chercher à savoir ce qui se passait chez le voisin ou la voisine, ni de porter une lumière quelconque dans l'antre, infiniment peu ténébreux, qui abritait mes vingt-cinq printemps et qui me mettait dans une situation bien digne d'envie. Etant logé au troisième, en-dessus de deux étages fabuleusement hauts, je me trouvais plus près du ciel que tous les autres habitants de l'hôtel. J'en excepte les moineaux, qui habitaient immédiatement au-dessus de ma tête, je veux dire sur les toits.

Mon appartement avait un avantage qui eût été inappréciable pour un sourd et qui me fit sérieusement craindre de le devenir. La cloche de l'hôtel n'était guères qu'à dix-huit pouces de la tête de mon lit, et une cloison fort mince jouait le rôle de la mitoyenneté entre ce torrent d'harmonie et mes deux oreilles. Antoinette sonnait cinq ou six fois par jour de manière à ébranler la maison et ma patience tout à la fois. L'une a dû l'être, l'autre l'a été : dans un premier accès d'impatience, je me contentai de plier le battant avec un torchon de paille; Antoinette commença par crier que la cloche était ensorcelée; elle monta la visiter, et comme elle regarda seulement à l'extérieur elle ne vit rien; aussi redescendit-elle dans la cour pour sonner de plus belle; mais pas plus de bruit qu'un archet qui râclerait sur un vieux soulier; elle eut presque peur et ne fut pas bien sûre que je n'étais pas un *jetteur de sorts.* Le marmiton seul sut découvrir le pot aux roses, tant l'habitude de découvrir toutes sortes de pots lui avait développé l'intelligence.

Le carillon recommença de plus belle et Antoinette me mit au défi d'empêcher la cloche de sonner à l'avenir. Ah! oui, lui dis-je, elle sonnera si fort et d'un tel bruit que vous aurez plus envie de finir que de continuer. En effet, je fis une cartouche assez grosse, je disposai ensuite de l'amadou et deux capsules, le tout fut convenablement fixé au battant, et le soir, à dîner, au premier mouvement de cloche, la capsule éclata et mit le feu à l'amadou, qui le communiqua à la cartouche; il s'en suivit une explosion assez violente mais fort innocente.

Cette fois, Antoinette fut effrayée au grand complet, et elle poussa un grand cri qui précéda et accompagna sa fuite vers la cuisine.

A la promenade, j'avais prévenu les dames de l'hôtel et elles en rirent à cœur joie, ce qui mortifia d'autant plus Antoinette qu'étant une forte femme, elle avait la prétention d'être une femme forte.

Je reviens aux habitudes qui, à défaut de lois, caractérisent les mœurs des baigneurs logés à l'hôtel Rochette.

Après les bains du matin et la sieste qui en est la suite

presque inévitable, la cloche sonne ; le premier carillon qui tinte vers neuf heures et demie, annonce qu'il es temps de songer à la toilette. Les trente minutes qu s'écoulent avant le déjeuner sont souvent insuffisantes, cause des innombrables vêtements que la mode a infligé aux mortels pudibonds que la tenue des sauvages n'a pa encore séduit.

Vers dix heures tout le monde est à table, et en général, le commencement du repas est infiniment plus caractérisé par la mastication que par la loquacité. On se demande bien un petit peu par-ci par-là des nouvelles sanitaires et réciproques, mais c'est surtout à la fin du déjeuner, pendant que l'estomac accomplit ses intéressantes fonctions, c'est surtout alors, dis-je, que chacun se plaint de ses petites misères pathologiques et se livre à des théories médicales qui feraient pouffer de rire le directeur général des pompes funèbres, s'il était donné à cet administrateur des trépassés de comprendre le grotesque des réflexions usitées en pareil cas.

On déjeune pendant une heure environ, et il est fort rare que la table, couverte d'abord d'une foule de plats très-appétissants, ne soit à la fin du repas dans un état de dévastation qui fait honneur aux vertus excitantes des eaux de Néris.

La digestion se fait au salon si le temps est mauvais, et au petit jardin si le soleil et la température ne menacent les dames d'être gelées ou rôties ; car à Néris, l'atmosphère est capricieux et exagéré dans ses fantaisies.

Au salon, les dames font de la tapisserie et de la coquetterie, des cancans et des bourses en perle, et le plus souvent tout cela à la fois. Les messieurs causent, ou plutôt parlent ; car je le dis avec une conviction qui honore peut-être mon intellect, les bavards sont nombreux, les causeurs sont rares.

Du reste, ce n'est pas seulement au salon que les

choses se passent ainsi : allez aux champs vers le soir, prêtez l'oreille attentivement, et si vous entendez un rossignol qui cause, vous serez étourdi par le croassement de mille grenouilles qui parlent.

Vers deux heures le salon est déserté : les uns vont aux étuves, aux douches ; les autres rentrent chez eux sous divers prétextes, mais en réalité pour se jeter sur le canapé et y faire ce qu'on y fait en pareil cas, dormir ou veiller.

Une de nos baigneuses au teint pâle et langoureux, à la voix nonchalante, ne sortait jamais que pour aller aux bains, et encore y allait-elle en chaise à porteur et enveloppée dans un caban de flanelle. Du reste, sa corpulence (au-delà de certaine limite la taille d'une femme doit changer de nom), sa corpulence, dis-je, annonçait une santé plus capricieuse que délabrée. Elle disait avec un timbre de voix douillet et caressant : *j'ai un tempérament ruiné*. Hélas ! ai-je pensé en voyant cette créature florissante et millionnaire, que de jeunes fous réellement ruinés qui épouseraient cette femme malgré ses ruines.

A cinq heures, la cloche appelle au dîner, et c'est alors que l'on voit apparaître de véritables chefs-d'œuvre qui font le plus grand honneur.... aux fabricants de soieries et dentelles. Il faut être riche pour aller aux eaux, et la fortune est un avantage dont chacun aime à faire parade. J'ai vu des coquettes qui portaient sur elles pour mille francs d'inutilités. Voilà pour le dessus ; et le dessous, direz-vous peut-être, lecteurs, valait-il autant? Comment donc, mais très-certainement, la valeur de la doublure, si imparfaite qu'elle fût, était beaucoup plus grande, car c'était l'œuvre de Dieu, et on paie cher le mérite de l'artiste. Ne sait-on pas qu'une statuette de Phidias aurait, à l'heure qu'il est, un prix inestimable, quand il lui manquerait bras et jambes. Dans une vente publique, on vendit à Londres, pour un millier de francs, les débris d'une vieille cruche sur laquelle Bernard de

Palissy avait écrit lui-même son nom en la travaillant. Où en seraient les maris mondains du dix-neuvième siècle, s'ils ne pouvaient se rappeler que leurs femmes ont été jolies lorsqu'elles ne le sont plus.

Mais que dirai-je pour vous parler de la manière de dîner à l'hôtel Rochette ; les gourmands mangent, les hommes d'esprit seuls savent manger. Brillat-Savarin a dit cela parce qu'il ne connaissait pas le menu des dîners en question ; à Néris, on troquerait tout l'esprit des deux mondes pour l'appétit de quelques grands mangeurs.

Aussi, un vieux monsieur qui, faute de molaires, ne mangeait pas très-vite, prétendait que les dents étaient le pivot du bonheur terrestre.

Après dîner, et toujours selon le temps et l'état des jambes, on va, soit à la promenade, soit à la lecture des journaux, soit au salon. Celui de l'hôtel Rochette est magnifique ; on y joue le soir jusqu'à dix heures ; les jeunes gens se ruinent à la bouillotte, les vieux ou vieilles s'amusent au wist, au boston, au piquet. De temps en temps, quand les baigneurs sont nombreux, on donne un bal à frais communs pour tous les habitants de l'hôtel Rochette, et on invite les étrangers à ces réunions, qui sont réellement très-bien.

L'heure du repos n'est pas la même pour tous ; mais le bonnet de nuit est un mystère qui n'a de charmes que dans la pratique. La narration des circonstances qui l'environnent quelquefois est un écueil dont je veux préserver mon innocence.

Le personnel de la maison Rochette n'était pas nombreux cette année ; une aussi fâcheuse exception aurait donné la rage à quelque usurier avide, s'il avait tenu auberge et banque tout à la fois, mais monsieur et madame Rochette étaient trop paysans pour avoir le cœur opprimé par une question de gros sous. Malgré tout ils furent aimables et complaisants ; aussi leur clientèle est remarquable par une fidélité à laquelle j'ai promis de me conformer, si l'occasion s'en présente.

L'hôtel était surtout habité par les baigneurs venus l'année précédente ; mais avant de parler d'eux, disons quelques mots des serviteurs et servantes qui cirent les bottes et dorent l'existence des malades par une foule de complaisances et une quantité très-convenable de poulets à la crapaudine.

Antoinette est la bonne de la maison ; c'est une superbe fille, d'excellente mine, qui se trouve initiée à des confidences de corsets par toutes les dames qui n'ont pas amené leurs femmes de chambre. J'ai déjà dit qu'elle avait cinq pieds deux pouces en-dessus du niveau de ses pantoufles ; sa taille est robuste et bien prise, et toute sa personne jouit d'un air de propreté qui fait plaisir à voir lorsqu'on mange la soupe (style bourgeois) et qu'elle vous sert avec adresse une foule de bons morceaux. Sa figure est très-régulière, quoique avec des traits un peu caractérisés ; son teint est brun, ses dents blanches, et ses cheveux noirs. Ajoutez à cela un nez un peu bourbon, et vous aurez un ensemble qui rappellera les beaux types de têtes grecques et le profil antique dignes du pinceau de Rubens. Dans son costume de paysanne d'Auvergne, elle ferait oublier bien des déesses d'opéra ; mais la guipure de Néris et la coupe des robes sont de telle façon que nous n'avons que des soupçons avantageux sur les beautés féminines si souvent visibles à l'œil nu dans les bals ou les théâtres de Paris, mais invisibles chez la fille rustique. C'est à peine si des situations accidentelles, comme la montée d'un escalier ou la vue d'un premier étage, amènent pour le jupon ou le fichu le même résultat que les éclipses pour la lune qui laisse voir alors quelque petit, très-petit coin de son globe planétaire.

Sur ce sujet, tout est problématique pour moi, je ne me suis jamais trouvé dans les circonstances d'astronomie indiscrète que je signale ; et ce que je puis seulement affirmer, c'est que si un amateur désirait se livrer à ce genre de recherches, il courrait grand risque de recevoir sur la tête quelques aréolithes de la nature d'un coup de poing ou d'une immense analogie avec un soufflet. Je n'en ai pas fait une expérience personnelle, mais les cancans du village ne m'ont pas laissé de doute à cet égard, et j'engage mes lecteurs à n'en pas conserver non plus.

Antoinette est rieuse, fine causeuse, mais nullement indiscrète; elle a le tact de sa position et un esprit qu'on rencontre fort rarement avec la réserve ou la malice qui l'accompagne, selon les gens et le degré de liberté qu'on l'autorise à prendre.

A table, on aimait assez à la faire causer; et puisque Brillat-Savarin a dit gloutonnement que la truffe était le diamant de la cuisine, je dirai qu'Antoinette était certainement la perle la plus fine de l'hôtel Rochette. Ses réparties étincelaient comme ses casseroles, et son esprit pétillait comme le charbon qui s'allume.

Bien des lecteurs ou lectrices me trouveront peut-être mauvais goût pour avoir accordé autant de lignes à la description d'une servante; mais j'ai un moyen bien simple de me justifier, c'est de les engager à aller à Néris passer une saison à l'hôtel Rochette. On verra alors si la gentillesse et la complaisance d'Antoinette ne valent pas la peine de donner un peu d'attention à une femme charmante, quoique obligée par position à jouer un rôle que les grands devraient moins mépriser; car Dieu n'a pas établi, que je sache, une classe rigoureuse de maîtres et de valets.

Il suffit que la fortune soit une roue pour que chacun se souvienne qu'elle peut tourner et jeter à la tête du pédant les sabots du valet qu'il appelait *maraud.* Ce motif matériel d'indulgence devrait rappeler à tous ceux qui l'oublient le principe sacré de la charité chrétienne. La justice humaine a quelquefois des balances fraudées par les passions, mais le jugement de Dieu ne relèvera que de notre égalité devant lui, pour punir le mal, fût-il caché sous de riches blasons, et récompenser le bien que le pauvre aura pu accomplir sous ses haillons et dans l'exil moral où il est trop souvent relégué.

Par cette digression, je ne fais pas un procès aux riches; il s'en faut. Mon socialisme, à moi, s'appuie sur la conciliation des intérêts et de l'amour du prochain. Je ne m'adresse qu'à ceux que les puériles vanités de ce monde égarent dans les ronces de l'orgueil où ils s'isolent avec leurs pareils et où leur arrogance fait l'office de buissons protecteurs pour eux, et méchants pour les autres.

Or, il y avait dans l'hôtel un de ces ridicules personnages, qui m'indigna plus d'une fois; mais avant de forcer ma plume à lui cracher mon dédain au visage, je dois dire que la domesticité de l'hôtel ne présentait rien de bien intéressant après Antoinette, si ce n'est un petit gamin que j'avais baptisé *Cambronne*, parce que je l'accusais de posséder sur la tête et à l'insu de ses maîtres, une foule de gardes qui devaient faire, de temps à autres, des rassemblements illégaux sur sa tête, si j'en juge du moins par son obstination à les dissiper en se grattant le cuir chevelu.

Le cuisinier adjoint de M. Rochette était aussi un assez étonnant personnage : ce vieux marmiton fumait énormément la pipe, et, quoique fort sobre, il avait la démarche, le langage et les manières d'un ami intime de Bacchus, abreuvé des bienfaits de ce patron œnophile. Le rez-de-chaussée était habité par une vieille et fort aimable dame qui, dans la soirée, ne pouvait se mettre à la croisée sans que le susdit marmiton ne vint lui offrir, d'une façon aussi burlesque qu'obséquieuse, ses services comme cuisinier, et sa société comme galant homme. Cette offre en partie double était refusée par un motif plus que triple; et comme il n'était pas rudoyé, il revenait à la charge le lendemain. — Si vous voulez un bouillon, madame, disait-il, faut pas vous gêner, j'irai vous le porter moi-même et je vous tiendrai compagnie après.

— Antoinette s'en aperçut et se moqua si bien de lui, qu'il laissa M.me Vertjoy en parfaite tranquillité.

Cette dame était une rentière du faubourg Saint-Germain, venue aux eaux beaucoup pour des douleurs névralgiques, mais aussi un peu, je pense, pour y trouver le calme qu'elle n'avait pas à Paris. Elle avait été mariée avec un monsieur qui aimait beaucoup la littérature et possédait une des plus belles bibliothèques de France. Sa conversation enjouée et sans façon me plaisait infiniment, et, dans la soirée, j'allais assez souvent faire avec elle et en tête-à-tête une partie de piquet à écrire. Dans sa jeunesse, elle avait dû être fort attrayante, car sur ses vieux jours il lui restait encore une dose très-raisonnable d'amabilité. Toujours mise avec simplicité, mais bon goût, elle avait l'esprit de ne pas s'énorgueillir de sa fortune; c'était, en un mot, une charmante vieille qui avait les agréments de son âge sans en avoir les défauts. Elle me témoignait de l'intérêt, et je crois pouvoir dire que nous étions bien ensemble. Mais ces beaux jours avaient eu leurs nuages au début de notre connaissance; car dans une circonstance où l'on m'avait en quelque sorte demandé ma profession de foi, j'avais répondu : « Je suis socialiste de la veille et républicain du lende- » main, le tout selon le progrès et à ma façon. » Au lieu de me demander *cette façon* qui lui eût donné la mesure exacte de ma pensée politique, elle se mit à me critiquer avec une amertume que je subis humblement, d'abord parce que mon adversaire était femme, et ensuite par l'excellente raison que j'ai confiance en un avenir que les clameurs humaines retarderont peut-être, mais ne détruiront pas, parce que le Christ l'a montré aux hommes dans ses sublimes lois.

Je fus dans la discussion comme le héros d'*Horace*, *impavidum ferient ruinæ*. Après mes explications, j'eus le plaisir d'entendre dire à M.me Vertjoy : *mais, monsieur, il fallait le dire d'abord, c'est bien différent.* Et pour me prouver ses sympathies, sinon politiques, du moins sociales, elle m'invita le soir à faire sa partie

Nous avions dans l'hôtel un naturel de je ne sais trop quel pays, mais qui passait à Néris pour arriver en ligne plus ou moins droite du boulevard de Gand. Cela est possible, et comme je me propose de faire de profondes recherches sur les races animales, je ne désespère pas d'arriver à connaître positivement la patrie de ce genre de *lion*. Je donne ici son signalement pour aider dans leurs perquisitions les âmes charitables qui voudraient venir à mon secours.

Taille de carabinier, exagérée par des talons de bottes qui avaient la hauteur des échasses de Tom-Pouce.

Teint couleur de concombre avec des nuances de melon avarié; nez camard avec des narines trop largement ouvertes et simulant des gorges de four.

Yeux d'un bleu brouillardé, sourcils frisés.

Barbe nuancée par des teintures abondantes et essentiellement parfumées, moustaches cirées, gommées, alignées, bouclées, taillées et relevées en queue de carlin.

Ongles longs comme ceux d'un caniche oisif.

Chapeau blanc, pantalon verdâtre et à carreaux flamboyants de nuances variées, habit en queue de moineau à boutons luisants, gilet brodé, chemise de couleur, faux-col grandiose, canne de la longueur d'un crayon, à pomme d'ivoire.

Dans l'œil, un morceau de verre à vitre, gênant, impertinent.

Absence de physionomie, air sot et bête, position sociale inconnue.

Langage pédantissime, tantôt poli par fatuité, tantôt malhonnête par éducation.

Ce monsieur quitta l'hôtel trois jours après mon arrivée, et j'en fus très satisfait, car sa conversation était si souvent nuancée d'insolence, que tôt ou tard j'aurais pratiqué sur le dos de ce lion des exercices récréatifs et vin dicatifs qui m'auraient renseigné sur la solidité de ma canne et le degré de flexibilité dont jouissait la colonne vertébrale de cet animal.

Et cependant je ne suis pas querelleur; je respecte chez les autres l'âge d'abord et la supériorité ensuite, quand elle est réelle; sans jalousie je m'incline devant le talent d'autrui, mais je l'avoue, ma pitié et mon mépris finissent par tourner à la colère quand je rencontre un de ces êtres oisifs, inutiles, ignorants, qui affublent leur nullité avec des oripeaux dorés et recherchés, et qui se croient des droits à toute sorte d'hommages, parce que les écus paternels ou une industrie quelconque leur donnent les moyens de porter des reliques comme l'âne de la fable. Bien des femmes deviennent idolâtres pour adorer ces dieux de la mode qui ont souvent des bottes vernies avec des pieds sales et de chaussettes... point.

J'aime le luxe et la propreté surtout, mais je déteste trop l'arrogance et la sottise pour ne pas faire une rude guerre à ce genre de lions et de lionnes si je trouvais dans mon esprit des armes assez meurtrières pour cela.

Mais passons, chers lecteurs; si vous et moi nous devions nous heurter à tous les ridicules, nous ne serions bientôt que plaies et bosses. Le feu qui n'est pas bien fait s'éteint avec sa cendre : l'orgueil s'étouffera un jour dans les langes dont il s'enveloppe, et nous voyons déjà l'avenir qui lui prépare une tombe en déchirant son berceau avec la dent du ridicule.

Il y avait ensuite, parmi les baigneurs de l'hôtel Rochette, une dame de Gascogne et sa fille; la mère était fort aimable; la demoiselle avait sans doute rangé le silence absolu au nombre des vertus sociales, et elle le pratiquait avec un zèle forcené. La mère, je le répète, savait vivre, et cette science n'est pas à dédaigner, car bien des gens vivent sans savoir le faire. Quant à la demoiselle il faudra que je m'informe si le mutisme est de mode maintenant.

A table, j'avais près de moi un pauvre enfant de dix-huit ans, charmant garçon, et au besoin aimable cavalier. Les pompes de Satan avaient failli être funèbres pour lui, car deux fois, à la danse, il s'était luxé le genou, et après une maladie grave, il était resté tout-à-fait boîteux. Si jamais une jolie femme lit ce petit volume et ne médit pas trop de l'auteur, je lui demande une prière pour cette intéressante victime des plaisirs mondains, qui n'eût peut-être pas trébuché, si sa danseuse avait été laide, car on regarde tant ce qui est beau, et si peu ce qui ne l'est pas.

Le père du malade était un vieux notaire qui avait, dans sa vie, fait plus d'actes que de sottises, modeste, homme de grand sens, joyeux causeur, et qui payait sans grommeler les cigares de son fils.

Nous avons fait ensemble plus d'une bonne promenade, et je ne plains nullement les enfants que la nature a doué d'une telle paternité, fut-elle enrhumée du cerveau comme M. Ducantal dans la pièce de Bilboquet.

Enfin, sur le même palier que moi, étaient logées quelques dames avec leurs femmes de chambre. Elles vivaient fort retirées, semblaient craindre le grand jour et les talons de bottes. Par discrétion, je ne parlerai pas d'elles, et j'arriverai de suite à dire qu'en dehors de l'hôtel j'avais fait de fort aimables connaissances.

Le médecin-inspecteur, qui est un type de bienveillance et une vieille expérience médicale.

L'inspecteur-adjoint, dont la politesse trahit une excellente éducation, et qui ne serait pas justement rétribué si les malades n'ajoutaient aux honoraires un bon souvenir pour sa sollicitude et son zèle.

Un vieux colonel en retraite qui a été pour moi d'une obligeance et d'une affabilité qui m'honorent sans doute et qui le placent au nombre des hommes les plus serviables que je connaisse.

Sa femme me recevait chez elle avec une aisance dépouillée de ces prétentions que l'on rencontre trop souvent un peu partout ; et sa fille, quoique très-jeune, avait déjà assez de bon sens pour ne pas changer la réserve convenable à son âge en une sotte timidité. J'ai passé aussi de bien bons moments avec la directrice des postes, qui, par sa politesse, ses manières et la portée de son esprit, sort tout-à-fait de la classe des employés, qui se figurent trop souvent que la morgue et la rigueur du guichet sont une nécessité de leur emploi. Si tous les agents de M. le directeur général des postes étaient aussi exacts que M.me F., il ne me serait pas arrivé de recevoir du même bureau, situé à quatre-vingts lieues de Néris, des lettres timbrées tantôt huit, tantôt dix, tantôt douze et même quatorze sous. Ceci n'est pas un reproche pour M. Etienne Arago, qui est capable et animé d'un très-bon vouloir, mais, à coup sûr, c'est un argument pour la réforme postale qui vient de s'accomplir.

J'avais fait aussi la connaissance de toute une famille qui habitait l'hôtel Fretet. Quelle excellente femme, quelle bonne mère que M.me Humann ! Son fils Louis est une de ces natures rares et riches de qualités que Dieu a égarées sur terre pour y rendre heureux tous ceux qui les environnent. Sa cousine, jeune et charmante veuve, était restée sur terre avec deux jolis enfants d'une dizaine d'année. Cette femme, je le crois du moins, devait sa résignation au souvenir et non à l'oubli. Je n'ai jamais vu un deuil de cœur plus noblement, plus pieusement porté. Je raconterai bientôt une excursion que je fis, avec cette famille, au *Château de l'Ours*, qui se trouve à douze kilomètres de Néris, et dans une situation des plus pittoresques où la sauvagerie des lieux l'emporte peut-être sur l'excentricité des vieilles tours féodales dans lesquelles nous déjeunâmes.

J'ai besoin maintenant de me reporter au premier jour où j'arrivai à l'hôtel. Je venais de dormir, quand j'entendis une voix de femme qui disait à Antoinette : « Si le collier de *Zadig* est nettoyé, portez-le s'il vous plaît. Cette voix et ce nom de Zadig m'étonnèrent au point que je crus rêver. Je saisis le cordon de ma sonnette et je le tirai si violemment qu'il cassa : cette sottise me prouva que je ne dormais plus ; et aussitôt qu'Antoinette fut montée, je lui dis : « Personne ici ne se cache, je présume, et je pense que vous pouvez me dire ce que c'est que cette personne qui vous demandait un collier. — Oh ! monsieur, c'est une dame bien aimable, un peu brune, grande assez ; elle est ici depuis trois jours avec sa mère, qui est une brave dame, et puis sa sœur, une fillette blanche comme une nappe et mignonne comme un petit ange. — Mais, dis-je, son nom ? — M.me Decauny. — Dieu vous le rende, criai-je à Antoinette, mais ne dites rien, ces dames sont de ma connaissance et je veux les surprendre. »

Deux minutes après, j'étais à la porte de l'appartement N.o 4. Je sonnai : « Entrez, me dit une petite voix flûtée. » J'ouvris la porte : deux dames étaient à la croisée et travaillaient à des broderies, une jeune fille d'une quinzaine d'années était assise sur un canapé et caressait avec une main blanchette et enfantine les oreilles noires d'un magnifique chien de Terre-Neuve qui semblait la regarder avec affection.

V.

Zadig et sa maîtresse.

— Tiens, M. Ferdinand ! s'écria M.lle Valentine.

— Vous ici ? dirent ensemble M.me Didier et M.me Decauny, sa fille.

Zadig (le chien de Terre-Neuve) qui m'avait reconnu, se leva et s'avança vers moi en remuant la queue avec une certaine dignité que n'ont jamais connue les carlins et autres roturiers de la race canine.

— Moi, mesdames, répondis-je; encore moi ici et bientôt ailleurs, car je fais concurrence au juif-errant.

— Mais par quel hasard? dit M.lle Valentine, qui s'était levée de son canapé pour me tendre la main.

— La Providence et les grandes routes ont tout fait, et je leur en suis fort reconnaissant; car en venant ici, je n'espérais pas y rencontrer une société aussi aimable et aussi bienveillante.

— Vous pouvez dire amie, car voilà Valentine qui oublie qu'elle n'est plus l'enfant d'autrefois, et qui vous donne la main comme à un vieux grand-père, dit M.me Decauny.

— Pourquoi donc pas, s'écria doucement M.lle Valentine en faisant une petite moue extrêmement gracieuse; méchante sœur, va; tu donnais bien la main à Abel avant qu'il ne fût ton mari, et tu étais plus vieille que moi.

Nous éclatâmes tous de rire à cette saillie de l'enfant terrible, qui ne voulait pas être plus hypocrite à quinze ans qu'à douze.

— Merci, M.lle Valentine, lui dis-je, votre sœur se fâcherait si je vous embrassais même la main; mais je vais donner un bon gros baiser sur la tête blanche de *Zadig*, votre meilleur ami.

— Je l'aime bien, mais vous passez avant lui : que Jenny se fâche si cela l'amuse, mais c'est vrai et je vous le dis, là, pour tout de bon.

— Allons, madame, excusez-moi, vous voyez que je serais bien ingrat si je n'étais pas votre adversaire dans cette discussion, puisque votre sœur fait la guerre à mon profit.

— Oui, vantez-vous de votre triomphe; vous avez fait là une belle conquête avec cette malade qui nous tourmente toute la journée, tantôt pour elle, tantôt pour son chien; car M.lle Valentine, qui abhorre les poupées et ne peut pas dormir sans avoir son Zadig sur sa descente de lit, M.lle Valentine, qui maintenant a l'âge de raison, est toujours capricieuse et extraordinaire comme autrefois. Du reste, attendez ; demain, au plus tard, elle aura trouvé le moyen de vous tourmenter.

— Mère, dis donc à ma sœur qu'elle n'est pas mignonne de se fâcher toujours ; mon gros Zadig est plus gentil qu'elle ; il est toujours content de moi.

Et en disant cela, elle se mit à caresser son chien.

— Mais, madame, dis-je en m'adressant à la mère, M.lle Valentine n'a pas la figure altérée, et j'espère que sa maladie n'est pas grave.

— Oh ! Dieu merci, non. Vous devinez sans doute, en la voyant pâle et souffreteuse, que c'est un dérangement de croissance.

— Puisque les mauvaises herbes poussent aisément, dit M.me Decauny, Valentine devrait croître sans difficulté.

— C'est pour ça que tu es si belle femme, répartit M.lle Valentine.

— Allons, enfants, la paix ; laissez nous dire par M. Ferdinand ce qui nous procure la bonne fortune de sa rencontre.

— La fortune, madame, a été bonne surtout pour moi, car la longueur de mes visites d'autrefois a dû vous prouver tout le prix que j'attachais à votre société et le plaisir quelle me procurait.

— Trève de compliments ; pourquoi, dans votre dernière lettre, ne pas nous avoir prévenues.

— J'ignorais devoir venir ; c'est presque une occaison qui m'a dirigé sur Néris, et c'est une diligence qui m'y a conduit en vertu d'un congé de deux mois.

— Dont vous viendrez passer une partie à Thésée. Jenny, qui écrit à Abel ce soir, lui apprendra cette heureuse nouvelle.

— Oui, heureuse, parce que c'est une main chère qui l'annoncera â mon vieil ami ; mais l'offre est trop aimable pour permettre même une hésitation : j'accepte et je partirai quand M.lle Valentine me dira *il est temps*, comme dans les pénitences de *pigeon vole*.

— Oh ! alors, vous pouvez être sûr de faire long séjour, surtout si vous savez toujours des contes drolatiques comme celui de *Zadig*, qui me fit changer le nom de mon chien.

— Oh ! mon Dieu, les originaux ne sont jamais à bout d'excentricités. Mais en vérité, je suis ingrat, car je n'ai pas encore demandé à M.me Decauny si Abel va bien et s'il n'y a rien à ajouter à sa dernière lettre, que j'ai reçue il y a deux mois environ.

— Rien, dit M.me Decauny, que de nouvelles amitiés pour vous, c'est toujours un agriculteur, médecin, maire, journaliste, que sais-je, moi, il songe à tout excepté à moi peut-être, le monstre. De temps à autre, il a des fantaisies dont il rend mon père complice ; un beau soir il s'est figuré que la santé de Valentine se rétablirait de suite si nous venions ici, et quinze jours après nous étions en route toutes les trois, car M.lle Titine n'a pas voulu venir avec moi seule, il a fallu que ma mère nous accompagne.

— D'abord, reprit la sœur, je ne m'appelle plus Titine, et puis, en t'éloignant de ce pauvre Abel, j'ai voulu lui donner quelques jours de tranquillité.

— J'espère que voilà une dénonciation en bonne forme, dit la mère, mais j'entends le premier coup de cloche pour le dîner ; ces dames vont quitter leur peignoir, car ici, à table, la mise n'admet pas le négligé ; moi, en bonne vieille, je déroge et je pense en riant au laisser-aller de notre pauvre *Thésée*.

Les deux sœurs passèrent dans leur chambre et la mère me dit :

— Ecoutez, mettez un petit billet de vous dans la lettre de Jenny. Voilà une plume, du papier, de l'encre; je vais prendre la lettre, qui n'est pas cachetée, et vous avez le temps d'écrire quelques lignes avant la poste ; ça fera plaisir à ce pauvre Abel.

— Il est toujours bon, dis-je.

— Dites bon pour tous et pour tout : il est idolâtre des habitants de Thésée, et je prie Dieu tous les jours que si ma petite gamine, que vous venez de voir, se marie, elle réussisse comme sa sœur. Tenez, je peux vous dire ça, à vous ; mais de Jenny, mon enfant, et de son mari, je ne sais qui j'aime le mieux.

En disant cela, M.me Didier me remit en effet tout ce qui était nécessaire pour écrire, puis elle me quitta pour aller aussi un peu soigner sa toilette : elle était à un âge où la coquetterie n'était pas encore enterrée par l'indifférence et la vieillesse. Les années chez elle avaient fait des ruines, c'est vrai, mais ces ruines conservaient fièrement les traces d'une belle et florissante jeunesse dont les restes n'étaient pas à dédaigner, lorsque les colifichets de la vieille maman étaient ajustés tout fraîchement.

On me laissa donc seul pendant quelques minutes dont je profitai pour écrire à mon bon et vieil ami les lignes suivantes :

« Très-cher,

« Le prix de revient de ce petit mot ne méritera pas l'épithète dont je te gratifie, puisque ton aimable femme se charge de te le faire parvenir gratuitement sous l'enveloppe de sa tendresse conjugale, qu'elle t'expédie en papier glacé.

« Obligé d'être quelque part ou ailleurs, je suis ici parce que je m'y trouve en ce moment, et dans plusieurs jours je serai chez toi par le même motif, à moins que tu n'en préfères un autre : ce dont tu es capable si tu apprends que j'ai un congé de deux mois pour mon usage personnel, que je consacre aux eaux de Néris.

« La présente a pour but de t'annoncer que le hasard m'a amené sur l'impériale d'une diligence à l'hôtel Rochette, où loge tout ce que tu aimes, en trois personnes qui ont déjà eu pour moi de l'amabilité comme quatre.

« Dont acte, et sous la garantie de notre vieille et inaltérable amitié. Tout à toi, sauf ce qui revient aux autres. FERDINAND. »

Je pliai et cachetai ce petit billet, puis je rendis à Zadig les politesses dont il avait jugé à propos de me faire les avances quand j'étais entré dans l'appartement.

Ces dames, en qualité de campagnardes (je ne dis pas provinciales, le mot est trop vague) ces dames étaient fort expéditives pour tout ce qui se rattache à la toilette : leur mise, qui était extrêmement propre et de fort bon goût, m'avait toujours séduit à cause de la remarquable simplicité dont elle avait su faire une élégance sans luxe mais tout à fait gracieuse, et qui ravissait à première vue. J'avais à peine terminé mon petit billet, lorsque j'aperçus ces dames qui étaient allées s'asseoir sur le balcon pour me laisser sans doute temps à mes occupations épistolaires.

J'allai les joindre, et je remis mon billet à M.me Decauny.

— Vous allez maintenant nous parler de vous, me dit M.me Didier ; il nous tarde d'apprendre de vive voix ce qui vous concerne, et je vous préviens que Valentine nous a déjà fait mille questions à ce sujet ; ainsi, profitez du quart-d'heure qui nous reste en attendant le dîner pour nous donner de bonnes nouvelles sur votre avenir ; vous savez tout l'intérêt que nous vous portons.

— Ma mère oublie de vous dire, ajouta M.me Decauny, que Valentine a poussé sa sollicitude pour vous jusqu'à demander si vous voudriez encore lui raconter des histoires.

— Quel mal y a-t-il? fit M.lle Valentine ; est-ce qu'on ne peut pas s'intéresser à quelqu'un et aimer ses histoires.

— Mais, dis-je, Mademoiselle, il vaudrait mieux

vous intéresser aux narrations et aimer le narrateur; je préférerais cela si votre sœur et votre mère veulent bien le permettre.

— Je permets, dit la mère en riant.

— Oh! moi, je n'ai pas d'autorité sur elle, mais je puis vous assurer que si vous aimez son chien, elle vous le rendra.

— Tu crois, dit M.lle Valentine; et toi, tu n'as donc aimé Abel que parce qu'il caressait *Zéphir?*

— Je crois que ma fille vous fait la cour.

— Quel mal y a-t-il (je vous dis comme elle) puisque vous êtes là.

— Nous verrons cela plus tard, parlez-nous de vous. Eh bien! pour cela, moi je vous dis plus tard, car je n'ai rien de nouveau à vous apprendre. Je demanderai d'abord à M.me Decauny si *Zéphir* est toujours d'un beau blanc et d'un beau noir, si ses oreilles sont toujours soyeuses, et si elle aime toujours à lui chatouiller le menton sur le coussin de sa croisée.

— Zéphir est toujours mignon.

— Et toujours gâté, dit la mère.

— J'aime mieux Zadig, fit la petite.

— M.lle Valentine, dis-je, votre sœur vous a agacé à cause de moi; pour gagner mon pardon, je vous offre une histoire en attendant le dîner: puis, ce soir, à la promenade, nous parlerons de vous, mesdames, d'Abel, même de moi, si vous poussez la curiosité jusqu'aux choses insignifiantes.

— J'écoute l'histoire et je pense que vous êtes toujours complaisant, dit M.lle Valentine, en me lançant un petit regard de contentement.

— Ayez donc des oreilles et point d'esprit, car l'histoire qui me passe par la tête actuellement est phénoménale de bêtises; heureusement ce n'est pas long.

HISTOIRE D'UN ASTRONOME ET D'UNE POMME CUITE.

Il y avait autrefois un meunier champenois qui avait un fils ; ce fils promettait de devenir un des plus grands savants de l'endroit ; quand il avait faim il mangeait, ce qui prouve clair comme du cirage qu'il était plein d'intelligence. Une fois qu'il avait voulu se repasser une chemise, il mit du feu dans un sabot, le feu prit à la grange où il avait tenté cette sublime invention, mais Loupin ne roussit pas sa chemise comme ceux qui se servent de fers trop chauds. Il faut vous dire que Loupin, c'est le nom de notre héros, s'était particulièrement lié avec un astronome qui vendait des souricières pour attraper des dindons, et des échasses à l'usage des escargots. Comme il était aveugle, l'astronome portait des lunettes, de peur de se gâter le teint ; il logeait dans la peau d'un éléphant empaillé qu'il avait pris dans une souricière dont il faisait un commerce considérable avec la Perse, et principalement avec la ville d'*Hérat* (des rats).

Un soir que Loupin avait soupé chez l'astronome avec des biftecks de fourmis au beurre d'anchois et des pieds de hanneton à la Sainte-Menehould, l'astronome, qui était un gastronome des plus recherchés, s'écria : je voudrais bien manger une pomme cuite. Loupin, qui était fort obligeant, lui offrit d'en aller chercher chez la fruitière du coin. Pour cela, il prit une pièce de vingt francs chez l'astronome et descendit dans la rue ; il va droit au magasin de la fruitière, celle-ci, comme font tous les marchands, lui proposa tout ce dont il ne voulait pas. Elle lui offrit des cachemires de l'Inde, des affûts de canon, un merle qui sifflait la *Marseillaise*, des cloches pour faire pousser les melons et un moule de ponts suspendus en pierre de taille avec des élastiques de bretelles. Je veux une pomme cuite, dit Loupin. — J'en ai beaucoup de crues, dit la fruitière. — J'en aime mieux une cuite que huit crues, reprit Loupin. Ce calembourg porta la fureur de la fruitière aux combles; en effet, du haut de son grenier, elle jeta sur la tête de l'infortuné Loupin une voiture de plâtre qui passait dans la rue, en lui criant : comment trouves-tu cette pomme? Loupin, qui n'avait eu de cassé que trois cheveux, dont une paire de sabots, ramassa le projectile en disant : je la trouve bonne pour en faire une en plâtre (emplâtre.) Cette scène se passait dans une rue déserte, ce qui fit rire beaucoup de passants. Après ces paroles, Loupin alla tout d'abord chez une autre fruitière, à laquelle il demanda une autre pomme cuite en lui présentant son napoléon. La fruitière lui répondit qu'elle n'avait pas de monnaie. Loupin courut à la banque de France pour en avoir, mais comme il arrivait à la Place-des-Victoires, au pied de la statue de Louis XIV, il tomba dans l'étang qui faisait tourner le moulin de son père. La première personne qu'il rencontra fut un goujon auquel il dit d'une voix flatteuse : Pourriez-vous me donner la monnaie de vingt francs? Très-volontiers, lui dit le goujon, mais montrez-moi d'abord votre napoléon. Loupin, trop confiant, montra sa pièce au goujon; mais celui-ci, qui était un repris de justice habitué à toutes sortes d'escroqueries, voit à peine le napoléon qu'il se jette dessus, l'avale, et se sauve en nageant à toutes jambes.

Tout autre que Loupin se serait désespéré, mais il se ressouvint qu'il y avait dans l'étang un vaisseau de ligne venu là pour la pêche des harengs; il se dit alors : il n'y a pas de ligne sans hameçon, je vas repêcher mon goujon. Sitôt dit, sitôt fait, il prend une ancre du poids de 36 milliers, l'attache à un crin, noue le crin au bout du grand mât, met un asticot à chaque bout de l'ancre pour le bien amorcer, et s'asseoit tranquillement sur le rivage avec la ligne à la main. L'heureuse invention de Loupin réussit complètement; le goujon mordit à l'ancre et l'avala presque toute entière. Loupin le retira et le mit dans sa bourse ; fier de sa capture il courut chez l'astronome et lui dit : — Je n'ai pas eu de pomme cuite, mais voici un goujon de vingt livres. L'astronome l'examina et déclara qu'il ne pesait pas une once. Je te parie, dit Loupin, que c'est un goujon de vingt livres. — Que veux-tu parier, fit l'astronome ? — une queue de rat contre une rivière de diamants, ou bien une maison de campagne contre une omelette au lard ? — Je ne veux parier que la pomme cuite que je n'ai pas apportée, et si tu perds, c'est toi qui iras la chercher. — Soit, dit l'astronome, voilà des balances, pèse ton goujon. Au lieu de se servir des balances, Loupin saisit un grand sabre turc qui avait appartenu à Charlemagne. Au vingtième coup de cet instrument délicat, le goujon était éventré. Alors, montrant le napoléon à Louis (c'était le petit nom de l'astronome), Loupin lui dit : — J'ai gagné, es-tu content ? — J'ai perdu, reprit l'autre, et je suis satisfait comme un éléphant qui a trouvé un faux-col. Après avoir fait le tour de sa chambre, l'astronome annonça à Loupin qu'il allait faire celui du monde pour avoir la pomme cuite. Comme mon absence, lui dit-il, pourrait durer plusieurs années, je te laisse un petit pot de marmelade de papillons, et deux gigots de lézards gris ; avec cela, tu pourras te sustenter.

Ensuite, l'astronome réfléchit pendant plusieurs siècles qui ne durèrent guère que cinq secondes, et il s'écria : Je suis sauvé, j'ai trouvé le moyen d'avoir ma pomme sans sortir de France. Viens avec moi, nous allons acheter un cheval noir et tuer un homme de n'importe quelle couleur, après ça nous aurons la pomme. — Bah, dit Loupin, nous la mangerons à l'huile et au vinaigre, avec un peu de moutarde : en route.

Après quelques instants de marche, ils entrèrent par mégarde dans un monument où il y avait beauoup de monde. — Nous nous trompons, dit l'astronome. — Impossible, répliqua Loupin, quand on est comme nous dans une église, on est sûr d'être dans une bonne voie. — J'entends celle du bedeau qui nous dit de sortir, parce que nous avons l'air de deux criminels. — Et la chanson aussi, puisque nous voilà sur la route de Toulon. — Ce n'est pas le pays des chevaux; je veux aller ailleurs, hurla l'astronome.

Ils arrivèrent en causant ainsi, chez un maquignon qui leur montra un superbe cheval noir. — Combien? dit l'astronome. — 50 louis. — Marché conclu, mais à condition qu'il aura une large étoile blanche sur le front. — Il l'aura demain, dit le maquignon. — Je la veux de suite, dit l'astronome. — Au bout d'un instant le premier des interlocuteurs revint avec un réchaud plein de charbons ardents et une superbe pomme crue. Attention! dit tout bas l'astronome à Loupin, et il sortit de sa poche un obus qui avait servi à Mogador. Pendant ce temps-là le maquignon faisait cuire sa pomme; il avait déjà attaché solidement son cheval et se disposait à la lui appliquer sur le front pour avoir l'étoile blanche (moyen usité), lorsque l'astronome bombarda le négociant, et le butin de la bataille fut la fameuse pomme, qu'ils partagèrent et mangèrent.

Je meurs, s'écria tout d'un coup l'astronome, j'ai avalé un *pepin*. — C'est-y un cousin du *bref*, demanda Loupin. Fais de la tisane et non pas de l'histoire, c'est bien assez que tu sois très-laid, tu es capable de devenir lettré maintenant. En disant cela il mourut, parce qu'il quitta la vie au moment où celle-ci lui souhaitait le bonjour.

Loupin vécut fort longtemps, parce qu'ayant eu la migraine au petit doigt il se mit à boîter comme un bossu.

Pendant que je racontais cette charge, ces dames n'avaient pour ainsi dire pas cessé de rire; elles riaient encore lorsque la cloche nons annonça qu'on allait se mettre à table. J'offris mon bras à M.me Didier, qui refusa gracieusement, en me disant :

— Je suis trop jeune pour avoir besoin d'un bâton de

vieillesse et je ne le suis pas assez pour accaparer un galant cavalier.

— M.me Decauny sera peut-être moins cruelle.

— J'accepte, répondit celle-ci, et je comprends que c'est un droit d'aînesse qui me vaut la préférence que vous m'accordez sur Valentine, car je vous crois fort bons amis.

— J'y compte bien, dit tout bas l'enfant terrible.

M.me Decauny avait deviné le motif de ma politesse. L'ancienneté est un grand titre à mes yeux quand il s'agit de respects et de droits. J'ajouterai, pour ne pas laisser un voile sur ma pensée, que la jeunesse n'est pas sans influence sur moi quand il s'agit de tout autre sentiment que de celui qui inspire la politesse. Cependant, loin de tomber dans l'exagération des gens qui n'admettent ni cœur ni poésie ni grandeur d'âme pour les femmes majeures, je suis de ceux qui ne jugent pas le mérite et la supériorité avec un acte de naissance. L'esprit a sa maturité, le cœur a son expérience et la loi commune de l'humanité range très-souvent l'étourderie et le caprice parmi les apanages d'une trop grande jeunesse.

En descendant l'escalier pour nous rendre à la salle à manger, je me demandais comment cette éloquence de paillasse que j'avais débitée à ces dames avait pu les faire rire, et pourtant elles avaient fait comme tout le monde, car on rit presque toujours en pareil cas. Est-ce de la complaisance pour le narrateur qui veut amuser et dont on serait fâché de tromper les espérances? Est-ce l'antagonisme des mots? Est-ce le contraste des idées? Le grotesque des images? Je ne sais, mais je crois que dans ces circonstances on rit uniquement parce que c'est une bonne occasion pour le faire. Or, ici bas, pour qui réfléchit, la gaîté manque de sujets, et quand on en trouve par hasard on en profite afin d'éloigner un peu la tristesse de nos réalités. La série des actions que les hommes accomplissent par *occasion* serait longue à parcourir et bien curieuse à étudier. Vertus, crimes, talents, sottises, héroïsme, faiblesse, ambition, insouciance, amour, mépris, est-ce que l'*occasion* ne vous crée pas à chaque instant de la vie ? Et si assez souvent la nature vous enfante comme une mère, est-ce que l'*occasion* n'intervient pas pour devenir en quelque sorte la pierre de touche de notre valeur originelle, de notre valeur à toutes les minutes de la vie, à nous autres hommes.

Aussitôt que des études sérieuses n'absorberont plus mon temps d'une manière aussi impérieuse, je me propose de publier quelques études de mœurs sous le titre de : *Histoire sentimentale du mot occasion.*

Nous traversions la cour de l'hôtel, et Mlle. Valentine se trouvait très-près de moi. Je crois, lui dis-je, que vous préférez l'histoire de *Zadig* à celle de la pomme cuite. — Oh ! oui, me dit-elle, on rit moins, mais l'esprit s'en trouve mieux. — Enfin, Voltaire a votre préférence, et je vous en fais mon compliment. — Celle-ci m'a amusé ; comme dit Abel pour ses chiens, dans sa race elle n'est pas mal, mais avant de nous quitter et pour comparer, vous m'en direz une autre d'un genre différent.

— Mais tu n'y penses pas Valentine, dit Mme. Didier.

— C'est entre nous, répondit-elle, M. Ferdinand me fera dessiner à son caprice. Je lui donnerai des croquis et lui des histoires comme autrefois ; pourvu que çà l'amuse et moi aussi, je ne vois pas pourquoi vous me tourmentez.

— Mais tu crois donc avoir toujours douze ans. Si tu n'étais pas ma'ade on ne te passerait pas tous ces enfantillages, dit la sœur.

— Malade, moi ! mais c'est un rêve d'Abel, mon plus grand mal c'est de vieillir, car vous me le reprochez tous les jours.

En disant ces mots elle entra dans la salle à manger,

et je conduisis ces dames à côté de Mlle. Valentine qui m'avait montré leurs places en se mettant à la sienne.

Antoinette avait mis mon couvert à côté de celui de Mlle. Valentine, et je me promis bien, si je devenais millionnaire, de lui payer cette attention en papier Joseph, découpé et estampillé à la banque de France.

Ma sieste de l'après-midi avait dérangé mon appétit ; pendant que ces dames faisaient honneur aux excellents ragoûts de M. Rochette, je faisais moi, mes petites observations sur mes intéressantes voisines.

Mme. Didier avait 50 ans environ ; sa figure annonçait un passé préférable au présent, autrefois très-bien, toujours gracieux ; mais le temps, qui avait diminué les charmes de son visage, avait augmenté son embompoint, et, je le répète, ce n'était plus que de beaux restes, conservés très-proprement par une mise de fort bon goût et d'une grande simplicité.

Bonne femme, sans passion, charitable et excellente mère. Loin de rêver un grand rôle sur cette terre, elle avait pris plaisir à maintenir dans une limite fort modeste celui que les circonstances lui avaient tracé, mais il est juste de dire qu'elle l'avait rempli d'une manière irréprochable.

La nature de cette femme ne ressemblait ni à la mer orageuse et perfide, ni au fleuve rapide et impétueux, ni au ruisseau, capricieux dans sa marche et pittoresque dans ses cascades, mais bien au lac calme et profond qui porte la barque du pêcheur avec aisance et sans danger, qui, dans son sein, nourrit des poissons et point de monstres, qui fertilise ce qui l'environne, en un mot qui fait du bien et point do mal.

Mme. Decauny était une jeune femme de 24 ans, qui était ce qu'on appelle charmante, dans toute l'acception du mot. Grande, bien faite, elle avait, ce qui est assez rare, une démarche extrêmement gracieuse. Sa figure, trop brune, était un peu étroite, ses yeux, petits et rapprochés du nez, avaient une expression remarquable, et dans certains moments, le regard de cette femme était d'une admirable beauté; empreint d'une fierté mélancolique, il semblait s'éteindre de temps à autre dans une rêverie silencieuse et réfléchie. Aussi disait-on qu'elle semblait froide et fière.

Sa sœur, Mlle. Valentine, était un accident dans la famille ; au physique et au moral cette enfant ne ressemblait en rien ni à son père ni à sa mère ; c'était un cœur d'artiste, une âme providentielle, une figure de madone ; elle avait 15 ans; d'une petite taille, son corps était admirablement proportionné ; elle avait les gestes hardis, la démarche capricieuse, la voix très-claire et vibrante. Sa figure était un vrai type de l'ovale italien, si admirablement disposé pour l'ensemble et les détails des traits; une peau blanche et lisse, quoique un peu épaisse ; des yeux grands et régulièrement fendus en amande, un nez fin et point anguleux, des dents blanches bien disposées, des cheveux noirs lissés en bandeaux par-devant, nattés par-derrière, partout propres et soignés, une main petite, mais un peu rude, et avec tout cela une physionomie très-expressive et d'une originalité ravissante ; le sourire, ce geste sublime du visage, avait chez cette jeune fille un caractère de douceur réfléchie et non de faiblesse insouciante. Cet ensemble formait une de ces beautés naturelles dont les types deviennent rares, rares surtout à la ville où l'on rétrécit la vie, et où l'organisation se trouve comprimée sous le poids de toutes sortes de nécessités, d'exigences sociales.

Mlle. Valentine était née aimante et artiste; élevée dans les champs, à la campagne, par les soins de sa mère et de sa sœur, elle ignorait *tout* ce qu'on apprend dans les pensionnats, en dehors de l'histoire sainte et de la broderie au plumetis ; ce supplément d'éducation que le diable donne aux jeunes filles, n'entre nullement dans mes vues socialistes et je ne veux pas me rendre coupable de le propager. Les cahiers d'analyse de Mlle. Valentine ne contenaient guère que des croquis d'arbres, de fleurs, d'agneaux, etc., etc., et souvent elle battait la mesure en récitant ses leçons d'histoire. Seulement, au bout d'un an elle dessinait et faisait à ravir de la musique savante ou artistique, au choix de l'institutrice qu'on lui avait donnée, et qui, de ce côté là, n'avait plus grand'chose à lui apprendre.

Sa santé, qui était chancelante, n'admettait pas de punition; elle faisait ce qu'elle voulait, et il en résulta des habitudes fort originales.

Du moment où elle put s'habiller, elle ne voulut plus accepter les secours de personne; elle se coiffait seule, et pendant longtemps elle crut qu'on la plaisantait en lui disant que beaucoup de femmes se laissaient tripoter la tête par des perruquiers.

Personne n'aurait pu lui persuader que bien des dames se font couper le cors par un monsieur pédicure, et tolèrent qu'un autre monsieur culottier ou corsetier leur prenne mesure de pantalon ou de corset.

Cette pudeur un peu sauvage prenait naissance dans un instinct bien délicat, car loin d'être timide elle avait une très-grande énergie dans les actes ordinaires de la vie. Si cette jeune fille avait *su* le monde elle aurait sans doute pensé qu'un grand nombre de femmes devraient être peu surprises de voir les hommes attacher si peu de prix à leurs charmes, puisqu'elles-mêmes paraissent n'y en attacher aucun en les vulgarisant parmi toutes sortes d'individus.

Oh! femmes si belles et si séduisantes, pourquoi vous laissez-vous salir par la crasse du monde? Pourquoi dédaignez-vous tant cette poétique pudeur qui vous élève, pour jeter vos charmes dans la banalité qui flétrit?

Les robes de Mlle. Valentine étaient souvent déchirées, jamais sales. Tous les matins elle se lavait les pieds, prenait des bas propres, des sabots ou de gros souliers, et, avec son cahier de dessin, elle partait pour le jardin, pour les champs ou pour la ferme, selon la beauté et la sûreté du temps.

Elle passait de longues heures, soit à voir travailler les paysans et à causer agriculture avec eux, soit à caresser les vaches, les agneaux, soit à dessiner tout ce qui frappait son imagination, et surtout des sujets de fantaisie. Tous les bestiaux de la ferme (il y en avait 18), avaient eu leurs portraits; ils étaient d'une vérité frappante! C'est qu'elle observait, non pas seulement avec les yeux, mais aussi avec l'intelligence; une des vaches laitières avait été dessinée au moment où elle pleurait son petit veau qu'on emmenait. Ce croquis était un chef-d'œuvre.

En un mot elle était artiste par nature et non par éducation. A dix ans, elle ne savait presque rien de tout ce qui s'apprend dans les livres, mais elle dessinait comme Gavarni, et touchait du piano à rendre Mme. Pleyel attentive. Cette ignorance classique tourmentait sa mère. Elle en parla au curé du village, vieux prêtre digne de sa mission, savant et observateur tout à la fois; une vraie providence pour les malheureux, un ami pour tous.

Valentine, dit-il, à la mère, est sans passion, mais ce n'est pas une enfant. Les punitions la gâteraient et rien de plus, elle souffrirait, mais ne deviendrait pas meilleure. Elle est très-charitable, c'est par là qu'il faut la gouverner. Je veux m'occuper d'elle, Mme. Didier, et je pense que vous serez contente de mes soins. Tous les deux jours je donnerai une leçon et du travail à Valentine, vous lui payerez un franc chaque journée bien employée à condition que nous nous servirons de cette somme, elle et moi, pour faire de bonnes œuvres aux malheureux qu'elle aime tant à soulager. Il ne s'agit que de lui donner le goût du travail; après elle ira seule, car c'est une intelligence bien supérieure que la sienne!

— O! merci! que Dieu vous le rende mon bon curé; si vous saviez comme j'aime cette enfant!

— Et moi aussi, dit le vieux prêtre, car il y a dans son cœur de bien belles qualités. Je vous en aurais parlé déjà, mais dans ces natures extraordinaires il faut savoir attendre que le moment de les diriger soit venu ; pour se presser on ne fait rien de bon.

Ce que le curé avait prévu arriva. Un an après, M.lle Valentine en savait plus que les pensionnaires n'en apprennent en six ans. Elle était heureuse parce qu'étant riche, disait-elle, ses petits pauvres ne souffraient pas. Sa charité était si bienfaisante, si amicale, si fraternelle, qu'une vieille infirme, qu'elle abritait de la misère, l'avait surnommée *la petite reine*, et tous les paysans lui laissèrent ce nom, qui exprimait l'idée de grandeur et de bienfaisance qu'ils attachaient à cette enfant, dont le caractère n'avait jamais été jeune et n'était certes pas de la nature de ceux qui vieillissent avec les années. M.lle Valentine n'avait pas eu dans sa vie une seule poupée, et si on lui portait des petits oiseaux elle les élevait pour leur donner ensuite la liberté ; elle aimait la nature et ne comprenait pas les sentiments venus d'une autre source. Son piano, dont elle connaissait tous les riches accords, était un trésor d'harmonie qui agissait sur elle au point de lui faire verser des larmes.

Elle allait au bal pour faire de la musique, mais ne dansait pas ; elle disait n'éprouver le plaisir du mouvement que dans les champs et sous le soleil du bon Dieu.

Extrêmement sobre, elle ne buvait ni vin ni café et vivait presque de pain.

Jamais un roman n'était tombé entre ses mains, et à quinze ans elle était dans une ignorance complète des exagérations sentimentales dont nos écrivains se font trop souvent les interprètes.

Son chien, qu'elle aimait avec passion, était un admirable animal. Vrai type de *Terre-Neuve* au regard doux mais énergique ; sa couleur, généralement noire, n'était nuancée que par le blanc du museau et des quatre pattes : ce contraste était charmant. Sa taille, qui égalait celle d'un veau, lui donnait un aspect redoutable qui lui assurait les très-humbles saluts des petits enfants. Très-doux et très-intelligent, ce chien avait presque de la dignité dans sa manière d'être. N'obéissant volontiers qu'à sa jeune maîtresse, il semblait la deviner et s'associer à sa pensée. Quand je le vis à *Néris*, il avait quatre ans. Lorsqu'Abel quitta Paris, je le lui donnai : il était alors gros comme un carlin et n'avait que trois mois. Huit jours après son arrivée à Thésée, Abel en fit l'offre à M.lle Valentine en échange d'un diamant qu'elle ne voulait pas porter. On m'écrivit une lettre fort aimable pour me demander l'approbation du marché, et heureusement pour *Zadig* que je n'hésitais pas y consentir.

Après dîner, le temps qui avait été douteux pendant la journée, devint beau et rassurant. Je décidai ces dames à une promenade : nous partîmes vers six heures, et au bout de quelques minutes nous nous trouvâmes sur un des plus jolis points de vue qu'il soit possible de rencontrer. Nous étions sur une élévation qui dominait une vallée étroite, encaissée par des rochers d'un côté et des prairies en pente de l'autre. Au fond de la vallée coulait un ruisseau qui faisait tourner un petit moulin au toit de chaume. Nous étions presque à pic au-dessus du moulin. Le soleil touchait à son déclin, et nous recevions ses derniers rayons : cette chaleur bienfaisante qui se concentrait doucement sur nous, engagea ces dames à s'asseoir sur la pelouse dont nous foulions brutalement le gramen et les marguerites.

Mlle. Valentine s'était éloignée de nous pour cueillir une fleur de digitale purpurine ; mais, comme elle ne pouvait l'atteindre, j'allai à son secours.

— Êtes-vous toujours secrétaire d'Abel, lui dis-je ?

— Oui, me dit-elle ; je lui mets ses notes en ordre, et

vraiment cela m'amuse d'être initiée aux majestueux secrets de cette grande politique qu'on dépeint avec de grands mots et qui ne donne, il me semble, que de bien petits résultats. Tous ces journalistes n'ont pas l'air de savoir ce que c'est que la terre; aucun d'eux ne connaît le cœur des paysans, et pourtant il y en a beaucoup, ce me semble.

—Vingt-cinq millions, et parmi eux il y a bien du bon.

— Mais enfin, que veulent-ils faire tous ces écrivains qui ont des idées souterraines, creuses, sonores, mais voilà tout; qui ne songent pas plus à la terre et à ses ouvriers les laboureurs que si rien de tout cela n'existait.

— Que voulez-vous attendre des utopistes : ce sont des gens à creuser un bouchon de liège pour y planter le blé qui devra nourrir l'univers : de la théorie et de l'amtion, voilà leur affaire.

— Mais il vaudrait mieux de la pratique et du dévouement.

— Cela n'est pas douteux; ces gens-là font le bonheur du genre humain comme les enfants font des châteaux de cartes; l'expérience d'un côté, un souffle de l'autre, et tout est détruit.

— Mais s'ils sont réellement dévoués au peuple comme ils le disent, pourquoi tous ces beaux parleurs, tous ces grands écrivains ne se répandent-ils pas dans le monde pour y faire fructifier leurs idées, pour y donner les bons exemples, pour y utiliser leur supériorité, pour faire le bien en un mot?

— Vous comptez sans la faiblesse humaine, Mlle. Valentine, tous ces papillons qui voltigent dans l'idéal ne se soucient pas de venir brûler les aîles de leur ambition à la lumière de la pratique, au feu dévorant de la réalité.

— Je crois que vous avez bien raison; j'en voudrais presque à Abel de donner tête baissée dans ces dangereuses rêveries, si je ne le savais aimant et charitable. A quelque chose malheur est bon. Tous ses articles dont on fait le plus grand cas, ne contribueront peut-être en rien à la paix et au bonheur des hommes, mais comme médecin il est dévoué aux pauvres, et je l'aimerais rien que pour cela. Et puis d'un autre côté, il est si généreux! tenez, figurez-vous qu''il me donne pour le peu que je lui fais par-ci par-là plus du double que ma mère et ma sœur ne le supposent. Au lieu de cinquante malheureux que j'aurais pu aider dans leur misère, j'en soulage cent, et c'est à lui qu'une foule de petits pauvres doivent du pain et des sabots. Aussi je l'aime bien, moi. Je ne sais pas grand'chose de vos théories sociales, mais je pense que si chaque homme *supérieur* d'une manière ou d'une autre employait *sa supériorité* au bien-être de quelques-uns de ses semblables, je crois, dis-je, que nous aurions moins de malheur sur la terre et plus d'espérance vers le ciel.

— Est-ce que vous parlez politique? nous dit la mère dont nous nous étions rapprochés en causant.

— C'est vrai, et Mlle. Valentine m'a déjà dit bien des vérités.

— Elle ferait mieux de tricoter ses bas, dit Mme. Decauny: nous ne serions pas obligées de nous en occuper, ma mère et moi.

— Elle fait ceux des autres : c'est toujours du travail; il y a le caprice en plus, et tant qu'elle n'en aura pas de plus fâcheux, je les lui pardonnerai de bon cœur, dit la mère. A propos de politique, continua-t-elle, savez-vous que j'ai entendu dire par Abel que, dans votre pays, on vous croyait communiste : Est-ce bien vrai?

— Non, dis-je, car c'est bien faux : systématiquement, je ne suis rien en politique, mais de temps en temps j'écris ma pensée dans un journal qui veut bien l'accueillir, et j'ai précisément dans ma poche un numéro dans lequel se trouve mon dernier article qui vous édifierait, si vous le lisiez, sur ma complicité dans toutes les doctrines absurdes qui voient le jour avec l'aurore de la république.

Eh bien ! lisez-le, cela vous justifiera.

« Quand un ennemi de la France arbore son drapeau, tous les bons citoyens doivent se lever pour le défendre.

» Quand un publiciste déchire à belles dents toutes les pages de notre histoire sociale pour y substituer des doctrines infâmes, toute la presse, sans exception, doit flétrir le faux frère, et démasquer l'orgueil de l'ambitieux qui secoue le grelot des passions, pour attirer d'abord la curiosité, et diriger ensuite le fanatisme des masses.

» Un représentant de la France, nommé à Paris, M. Proudhon a écrit un livre qui insulte la société, exalte le vice, flétrit la vertu et nie la divinité.

» *La propriété c'est le vol. Dieu est le mal.*

» *La justice est infâme. L'honneur et la vertu sont des masques.*

» Arrêtons-nous : l'homme qui a écrit cela est Français, et le rouge de la honte nous monte au visage, quand nous songeons que ces infamies seront lues à ***Saint-Pétersbourg***, à ***Londres***, à ***Vienne***, et que dans ces cités étrangères sinon ennemies, l'auteur de ces doctrines passe pour un républicain. Républicain, vous, M. Proudhon ! !... Vous êtes l'ennemi de la France, et rien de plus.

» Le doigt des honnêtes gens, qui liront ces lignes écrites par vous, marquera vos œuvres avec le signe du mépris, et tout bon patriote devra, dans sa conscience, vous déclarer traître au grand principe de ***la fraternité***, dont le Christ nous a légué l'exemple, et que personnellement nous plaçons avant toutes les utopies mensongères qui sèment la guerre civile, dernière malédiction que la main de Dieu inflige à un pays.

» Croyez-le bien, ***la propriété n'est un vol*** que pour ceux qui se sentent des dispositions à cette pratique. Jamais le pauvre laboureur, qui a gagné à la sueur de son front la chaumière qui abrite sa femme et ses enfants, ne croira être un voleur.

» La propriété est une nécessité sociale pour l'homme, et l'Évangile en a fait un droit pour le chrétien.

» Sans doute, dans un pays où l'idée de Dieu, la pratique de la vertu, rendrait tous les hommes frères et chrétiens, là, il serait inutile d'être propriétaire ; mais cette perfection n'est pas encore acquise à l'humanité, et si vos doctrines faisaient des prosélytes, la société ne serait plus qu'un coupe-gorge, indigne même des bandits, car sur eux, on trouve quelquefois des chapelets, et leur victime peut prier Dieu.

» *La justice n'est infâme* que pour vous, monsieur Proudhon, et nous déclarons bien vite qu'elle serait indigne du respect que nous lui portons, si elle n'arrêtait la propagation de vos doctrines incendiaires, anti-sociales.

» Nous ne cherchons pas à savoir *si l'honneur et la vertu sont des masques :* nous avons un père, une mère, une sœur, et nous ne leur faisons pas l'injure de les prendre pour des masques en carnaval, dans cette vie d'épreuves et d'espérances ; nous n'avons pas l'audace d'un pareil mépris pour nos semblables, mais il nous restera toujours, nous l'espérons, le courage de repousser loin de notre cœur d'aussi affreux sentiments.

» *Dieu est le mal,* dites-vous : nous ne discuterons pas, nous vous plaignons, si l'idée de Dieu ne vous a jamais consolé ou encouragé, si votre conscience n'admet pas une puissance qui a fait l'homme supérieur au crapaud ; nous vous plaignons surtout, si vous n'avez jamais connu dans votre vie le bienfait de la prière et le plaisir d'une bonne action.

» Vous êtes donc bien puissant, Monsieur Proudhon, vous qui, non content de bouleverser la terre, voulez détruire l'espérance du ciel.

» Que nous donnerez-vous à la place?.... »

— Nous n'avions jamais cru à l'exagération qu'on vous reprochait ; cependant nous vous supposions fort avancé, et nous vous excusions parce que nous savons faire la part des entraînements de la jeunesse.

— Du reste, et pour mon compte, je ne vous crois pas ambitieux, et j'ai la conviction que cela vous mettra dans votre vie à l'abri de bien des sottises ; mais quittons la politique et parlons de vous : Etes-vous content de votre position, de votre carrière?

— Oui et ncn, répondis-je : oui, car je n'aipas le droit de me plaindre si je considére que bien des gens qui sont plus âgés que moi, et au moins aussi méritants, ne sont pas même arrivés encore au degré de l'échelle du bien-être, d'où je touche maintenant au grade supérieur, et qui, j'espère ne se fera pas désirer longtemps ; en attendant je suis nommé à Paris, et je vais m'y rendre avec plaisir, car ce séjour me permettra de mettre la dernière main à quelques petits travaux scientifiques ou autres ; cependant je ne suis pas entièrement satisfait, car il est des positions plus calmes, moins aventureuses, qui me plairaient beaucoup mieux ; peut-être y arriverai-je, même avec ma carrière ; dans tous les cas, j'ai l'espérance en l'avenir, comme le chansonnier, et c'est quelque chose.

— Vous avez dix ans de plus que moi, dit mademoiselle Valentine, dix ans jour pour jour, je m'en souviens.

— C'est vrai, si je lis mon acte de naissance, mais c'est moins exact si j'interroge mon caractère et mes goûts : depuis dix ans je suis libre, indépendant, j'ai beaucoup lu, j'ai fait 6,000 lieues dans mes voyages, et j'ai passablement observé les hommes, usé les choses.

— Chez les poètes le cœur ne grisonne jamais, dit Mme. Decauny.

— J'accepte ce titre, car pour moi le poëte est celui qui désire le bien ; tout le monde n'a pas pour le chanter la voix mélodieuse des Lamartine et des Byron, mais chacun a son instinct, et le mien me reporte souvent vers la poésie, celle de la nature surtout.

— Est-ce qu'il y en a une autre ? dit Mlle. Valentine.

— Il y a celle de l'imagination, dis-je.

— Qui consiste à rêver sans dormir, reprit-elle.

— Ah ! dit Mme. Decauny, voilà Titine qui vous fait part de ses réflexions sentimentales ; jamais pareil honneur ne nous arrive ; en fait d'amabilité elle ne nous en montre que l'ombre !

— C'est que vous en accaparez la réalité, dit l'enfant. Je ne vois pas comme vous, je ne réfléchis pas comme vous ; ma pensée sur bien des choses heurterait la vôtre, et vous feriez subir à la mienne la pénitence de vos railleries.

Elle prit un petit air rêveur qui lui allait à ravir; sa sœur craignait de l'avoir fâchée et lui dit :

— Allons, méchante fille, viens que je t'embrasse : tu le rendras à Zadig et tu auras une histoire si tu veux finir ta petite moue, n'est-ce pas, M. Ferdinand ?

— J'accepte les conditions du programme, et je vais appeler ce bienheureux Zadig, dis-je.

Celui-ci gambadait le long du coteau, et en quelques bonds il fut près de nous, car sa maîtresse m'avait prévenu, et un petit cri avait ramené à nos pieds le magnifique animal qui tirait une langue vermeille et montrait des dents admirablement blanches.

HISTOIRE D'UN VERRE D'EAU ET D'UNE FEUILLE DE ROSE.

Il y avait autrefois à Stamboul une académie peu nombreuse, très en réputation, et dont les statuts étaient fort bizarres.

On devait penser beaucoup, écrire peu et parler le moins possible. Ces places d'académicien étaient briguées de tous côtés, parce que dans ce pays on considérait comme un grand honneur de faire partie de ce corps savant. L'élection était faite par les titulaires, à la majorité des suffrages ; peu de candidats présentaient des titres suffisants, mais comme le pays commençait à se civiliser, la corruption se mit de la partie.

Un jour, une place devint vacante. A force d'intrigues, un visir tout puissant l'obtint, bien qu'il n'eût aucun titre pour la mériter. J'ai dit que le pays se civilisait, ce qui explique tout.

Un savant de la province s'était mis sur les rangs, mais la lettre de candidature était arrivée trop tard. On examina ses titres : ils étaient nombreux et eussent infailliblement assuré son élection, s'il se fut présenté plus tôt. Un de ses ouvrages surtout était remarquable. Il l'avait intitulé *le Bâillon* et prouvait que le bavardage est le déluge de la pensée, ce qui fait qu'en pareil cas toutes les bonnes idées sont noyées dans des flots de paroles.

Ces braves académiciens, qui étaient encore un peu sauvages, regrettèrent de s'être laissés corrompre, et dans leur douleur, ils eurent la naïveté de mander auprès d'eux le savant méconnu afin de lui promettre la première place vacante.

Le savant vint ; introduit dans l'assemblée, le président ne dit rien, mais il lui montra toutes les places qui étaient occupées, et en même temps il lui présenta un verre d'eau plein jusqu'au bord. A cela, il eût la politesse d'ajouter un geste de regrets. Le docteur *Chut* (c'était le nom du savant) ne parla pas non plus ; il prit une petite feuille de rose et la plaça doucement sur l'eau du verre qui ne déborda pas pour cela.

Ce trait d'esprit et de modestie enthousiasma les académiciens, qui l'admirent séance tenante et malgré leur réglement qui fixait à cent le nombre des membres.

Pour le complimenter de son admission, le président alla au tableau et avec de la craie il écrivit 100, puis il ajouta un 1 devant le chiffre 100, ce qui faisait 1,100. Le docteur Chut comprit cette manière aimable de lui dire que, par sa nomination, l'académie venait de se donner une valeur dix fois plus grande. Alors il passa aussi au tableau, écrivit 100 et mit un zéro devant le chiffre 100, ce qui faisait 0,100. L'assemblée apprécia toute la modestie du savant, qui le portait à se comparer à un zéro, dont l'adoption par l'académie ne changerait rien à la valeur de ce docte aréopage. Tout le monde fut enchanté de cette séance et les membres de l'académie silencieuse vécurent, je crois, fort longtemps, mais je ne suis pas en mesure d'affirmer s'ils eurent beaucoup d'enfants.

— Allons, mes enfants, dit M.me Didier en se levant, rentrons, le frais va se faire sentir. Titine doit être contente de sa dernière histoire, et j'espère qu'elle sera sage à ce sujet.

— Dis donc, mère, reprit M.lle Valentine, la laine me manquera pour les chaussons de Pierrillot; la Jeanne, qui soigne les regains à la ferme du Terrier, n'aura pas le temps de lui en faire; il faut que je les finisse, car le froid va venir et le petit est si sensible qu'il s'enrhume pour rien; tu as bien par là quelque vieille pelote.

— Et celle d'hier, qu'en as-tu fait? dit la sœur.

— Je l'ai usée au capuchon de ma filleule.

— Si l'univers t'avait pour marraine, nous serions vite ruinés. Tu nous tracasses pour des gamins qui se portent mieux que toi. En as-tu de reste, toi, des bas, pour songer toujours aux autres?

— Ça, je n'en sais rien. Quand il n'y en a plus à mon tiroir, je vais à celui de la mère; ils sont trop grands; mais, bah! ensuite je sais bien que vous ne me laisserez pas manquer de vêtements, et qu'est-ce qui en fera à ce pauvre petit dont la mère est aux champs depuis le matin jusqu'au soir pour lui avoir du pain. Tu m'en tricotes et de bon cœur, pas vrai, méchante sœur, et peut-être tu oublierais d'en faire aux autres, car tu as Abel à chausser. Moi, qui ne suis pas mariée, je pense pour nous deux à ceux qui souffrent; tu es bonne, vois-tu; mais tu ne veux pas en avoir l'air.

— Tu auras ta pelote, dit la mère, et tu feras si tu veux un bonnet de nuit à Zadig. Il ne vaut pas la peine de te tourmenter pour cela. Si jamais tu as ménage, ces idées ne te passeront peut-être que trop.

— Est-ce que cela te fâche que je sois en avance de ce côté-là? dis, mère.

— Oh! non; mais demande d'abord à M. Ferdinand ce que la république veut faire de nous; si on te fourre au phalanstère tu auras des malheureux de tous côtés, sois-en sûre.

— Est-ce qu'Abel ne vous rassure pas sur toutes les sottises dont on effraye les gens à propos de la république.

— Oh! avec Abel nous ne parlons pas politique; il a sa marotte; c'est son journal de Paris et un monsieur qu'on appelle Fourier, je crois. Il jase de tout cela comme un curé de l'évangile, et il ne sait pas grand'chose des détails de la vie. Si sa femme ne faisait pas soutirer le vin pour lui il le boirait souvent aigre et tourné. Tous ces gens-là, et lui le premier, m'ont l'air de se plier la tête dans leur papier et d'aller bêtement se cogner le front aux obstacles de la vie; mais tout le monde aime Abel à *Thésée*, car il est bon comme le pain, et lui demander un service c'est lui faire plaisir; avec Titine, çà rêve creux tous les soirs quand ils alignent, numérotent un tas de petits papiers qui parlent des séries passionnelles, des attractions, et de morale à tout propos, etc. Et à Paris, on lui demande ça comme du pain béni. Chez nous, ils le lisent du premier mot jusqu'au dernier: comme ils n'y comprennent rien, ils le trouvent superbe et sont fiers de leur maire comme un paon de sa queue. Que pensez-vous de tout cela?

— Ces gens-là ne sont pas dangereux, car ils veulent aller doucement; laissez faire; l'expérience leur sèmera bien des obstacles sous les pas, et ils réfléchiront. Beaucoup d'écrivains encore oublient que tout vient de la terre, que le pâturage et le labourage sont les mamelles de la France, enfin que *l'atelier national, c'est la terre.*

Jusqu'à présent on a dédaigné le paysan; il a déserté la campagne pour aller à la ville, et il ne faut pas le blâmer; sur 100,000 fr. du budget il en paye 55,000, et l'état, sous le dernier règne, rendait 900 fr. à l'agriculture; laboureurs, fermiers, bourgeois, tous allaient à la ville savoir ce qu'on faisait du reste; aussi l'atelier était encombré; la moisson souffrait et la culture était négligée; il en est encore ainsi, mais heureusement qu'on cherche un remède, et j'espère qu'on le trouvera, efficace d'abord, et plus tard souverain; il y a longtemps que cela dure, depuis 89 l'agriculture a tant à se plaindre! la restauration sacrifia tout aux grands propriétaires; Napoléon écrasa l'agriculteur par des mesures sur les lois hypothécaires, et fit de la chair à canon avec les forces vives du progrès, avec les travailleurs. En France il y a 8 millions d'hectares de terre inculte, 6 pourraient produire, et beaucoup. Le savant et consciencieux M. Dezeimeris affirme que l'agriculture est susceptible de tripler ses produits en 10 ans, et sans qu'il y ait à craindre les crises qui se manifestent dans l'industrie; mais il faudrait et les bras qui encombrent les ateliers, et l'organisation, pour la campagne, d'un crédit puissant, analogue à celui qui a établi le commerce sur d'aussi larges bases. Tout cela est possible, et on y songe, dit-on; espérons donc en l'avenir. Après l'agriculture, l'industrie est la principale ressource d'un etat, et la prépondérance de l'une de ces ressources sur l'autre est selon moi la mesure exacte de la sagesse économique d'une nation.

— Mais l'Angleterre qui est si commerçante?

— Eh bien! la terre anglaise appartient à 32,000 privilégiés seulement, qui la font cultiver tant bien que mal; la duchesse de Sutherland possède des propriétés plus vastes qu'un département français. Songez aux seules misères de l'Irlande, et jugez!

L'industrie est immense en Angleterre, et à Londres il y a 250,000 vagabonds; 300 millions de secours annuels de toutes sortes, n'empêchent pas les ouvriers de manquer de travail et souvent de pain. A Paris il en est souvent ainsi. — Mais alors qu'est-ce que le paysan va chercher à la ville? — Il ne le sait pas, ni moi non plus. Il trouve plus d'émotions à sa misère, et ses bons instincts se pervertissent beaucoup plus vite. Une grande cause de cette émigration, c'est l'absence d'émulation dans les campagnes; et puis le paysan ignore *la valeur* de l'argent. Il croit qu'un franc vaut partout vingt sous. A Thésée il gagne 1 fr. 25, et se nourrit avec 12 sous. Ailleurs, à Paris, sa journée se paie 2 fr., et pour 1 fr. 25 il a à peine une nourriture suffisante; toute industrie peut chômer et chôme souvent; l'estomac ne peut pas le faire; le paysan ne sait pas apprécier d'avance le résultat comparatif de ces deux situations; de ce côté nous sommes tous un peu comme lui.

Sous Louis XIV, la terre produisait par an 1,700,000,000, ou 77 fr. par habitant; aujourd'hui le revenu est de 7,502,704,000, ou 224 fr. par habitant. Il faut pourtant bien se garder de croire que nous sommes trois fois plus riches; il y a 140 ans, le beurre de Bretagne valait 3 sous la livre, il en vaut 12, 15 et 20 aujourd'hui.

VI.

Le château de l'Ours.

Il était encore de bonne heure quand nous rentrâmes à l'hôtel, et ces dames songèrent à profiter du reste de la soirée pour continuer leurs petits travaux d'aiguille ou de broderie.

Elles allèrent dans leurs chambres pour changer de toilette et se mettre à l'aise, comme l'on dit; ce qui prouve bien que nos vêtements en général, surtout ceux de cérémonie, sont loin d'être commodes. Sans doute, je ne désire point voir revenir le temps des feuilles de figuier, et je serais fâché que nos dames adoptassent les modes d'Otaïti, où la reine Pomaré ne porte, dit-on, pour tout costume, qu'une paire de gants paille ; mais en vérité, est-ce que certains falbalas ne sont pas souverainement absurdes, incommodes pour les mouvements, nuisibles à la santé et d'une indécence qui est loin de plaire aux hommes? Du moins, c'est l'effet que ces nudités du buste produisent sur moi lorsque, dans des bals, je vois des robes échancrées jusqu'à la ceinture.

Un des hommes d'état les plus consciencieux et les plus habiles de Charles X, qui avait du génie comme orateur et de l'esprit à tous les titres, M. de Martignac, que son pays natal a tant regretté, M. de Martignac, dis-je, étant à sa campagne, fit un jour un impromptu sur le mot *cependant*. Une des strophes se rapportait à la maladresse des femmes, qui nous font quelquefois beaucoup trop voir ce que nous ne désirons que soupçonner :

On dit à nos jeunes dames :
Couvrez-vous un peu, mesdames ;
La pudeur a pour nos ames
L'attrait le plus délicat.

Puis il finissait en disant :

Et la maudite échancrure
Grandit toujours cependant.

Je ne sais si ma plume reproduit fidèlement ces vers ; mes souvenirs à l'égard de ce grand homme, si estimé par tous les partis, seraient plus exacts s'ils se rapportaient aux bienfaits qu'il a répandus dans mon pays, qui était le sien, et où sa mémoire sera toujours respectée et bénie.

Cette justice, qui échappe ici à ma plume, vient tout autant de ma conscience que de mon cœur. Ma reconnaissance l'a suivi dans sa tombe ; mais pour survivre à cette mort, qui fut un deuil pour tous et surtout pour ma famille, qu'il honorait d'une estime toute affectueuse, et pour moi, qu'il avait présenté à la bénédiction de Dieu, alors qu'au berceau encore j'accomplissais mon premier acte de chrétien.

Passent les révolutions, je les servirai si elles apportent du bien à l'humanité ; mais, quelle que soit la couleur du drapeau qu'elles arborent, jamais je n'oublierai que cet homme a été un héros pour les idées que je veux développer, car il appliqua toujours son talent et sa fortune selon les saintes lois de la fraternité.

Je pense comme lui à propos de colifichets, et M.elle Valentine semblait être de notre avis, car jamais ses vêtements ne présentaient l'exagération dont je parle. Etait-elle mignonne à voir avec sa robe de Barège groseille et blanc, un chapeau de paille d'Italie à rubans verts, un mantelet blanc très-léger, des brodequins gris, des gants bleus, et au cou, un charmant petit velours ponceau ; c'était délicieusement simple.

Pendant que ces dames étaient invisibles pour moi, j'allai commander du thé ; Mlle. Valentine était déjà dans la chambre qui faisait le salon de leurs appartements, lorsque j'entrai en disant : vous êtes expéditive ? — Oh ! c'est que j'ai de l'ouvrage ; aidez-moi à dévider cette laine, vous serez bien aimable. Ma mère croit qu'il n'y en a qu'un écheveau, mais il y en a deux ; j'en aurai de reste et je m'en servirai pour commencer autre chose, et puis une fois en train, dit-elle en riant, il faudra bien qu'elle me donne de quoi finir. Je lui ai déjà joué ce petit tour, mais elle s'y laisse toujours prendre ; après çà elle n'est peut-être pas dupe.... bonne mère, va !

Les écheveaux furent dévidés ; la mère et la sœur rentrèrent, et on apporta le thé. — Vous avez eu là une bonne idée, merci, dit Mme. Decauny, d'un petit air gracieux. On trouva le thé exquis, et on demanda si j'étais déjà le favori du maître-d'hôtel.

— C'est moi, dis-je, qui ai donné le thé, et je ne le

prodigue pas : mes amis seuls en goûtent. — Nous vous en remercions, mais pourquoi cela? — Parce que ce thé est plus que du thé pour moi. C'est le premier bénéfice que m'a rapporté ma plume. On m'en donna un paquet énorme et je le partage, je vous l'ai dit, avec mes amis quand ils veulent bien me le permettre. — Et vous n'éprouvez jamais de refus? dit la mère.

— Peut-être, ajoutai-je, en lui offrant un petit sachet, je tente le destin avec vous : me sera-t-il favorable, c'est pour vous trois, mesdames?

— Certainement nous acceptons, et nos amis seuls en auront : comme cela votre amabilité ne sera pas prodiguée, dit la petite.

— Ah çà! comment trouvez-vous Mlle. Sans-Gêne? Titine, si tu continues, je te marierai avec ton cousin César, qui te mettra à la raison.

— Je resterai fille ou je me marierai à ma fantaisie ; j'aimerais mieux embrasser cent fois par heure les oreilles de Zadig que de donner le bras à ce rustre.

La soirée se passa ainsi en causeries, et les jours suivants se succédèrent avec une très-grande rapidité, car nous savions employer le temps à des lectures, à des promenades et à des conversations sans prétention, et par cela seul très-agréables. Nous fîmes peu salon. Mlle. Valentine eut la première idée d'une loterie à cinq francs, en faveur des pauvres de l'hospice. L'avocat était si aimable que la cause fut vite gagnée. Les deux sœurs et moi allâmes visiter les baigneurs : tout le monde souscrivit et donna un objet quelconque. Le plus joli lot fut une collection d'aquarelles de Mlle. Valentine; je fournis un superbe émail de Venise et un petit paquet de thé, sur lequel j'écrivis : « La manière de donner vaut mieux que » ce que l'on donne. »

La loterie fut tirée dans une grande réunion par un petit enfant, et je gagnai les aquarelles. M.lle Valentine n'obtint pas un seul lot. Je voulus la consoler.

— Ne me consolez pas, dit-elle, je suis fort contente de tout ce qui est arrivé.

Trois jours après, nous avions organisé une partie à ânes au château de *l'Ours*. Nous étions assez nombreux. M.me Humann, son fils Louis, sa cousine et ses enfants se joignirent à nous. Le temps était superbe. Je montai un âne qui avait eu l'honneur de recevoir des coups d'éperons de Lamartine. Pour ne pas détruire les impressions agréables que cela avait dû produire sur cette bête, je la fustigeai seulement avec ma cravache.

La journée fut employée à parcourir la montagne et à visiter les vieilles ruines du château de l'*Ours*, auquel se rattache une antique et curieuse légende. Pour la raconter ainsi que les incidents de cette excursion si pittorresque et si attrayante, il faut un esprit d'une nature naïve et poétique qui juge la beauté en artiste; M.lle Valentine nous dira sa pensée à ce sujet dans une des prochaines livraisons.

Peu de jours après, je reçus de mon ministre l'ordre de me rendre sur-le-champ à Paris où une place pour moi était vacante. Ces dames avancèrent un peu leur départ, et je les accompagnai jusqu'à Salbris, où leur voiture les attendait pour les conduire à Thésée; nous les y retrouverons bientôt.

Je partis avec tristesse; j'emportai le regret de les quitter et l'espérance de les revoir; mais je ne sais guère jusqu'à quel point ces sentiments furent partagés.

L'absence étouffe ou grandit le souvenir; c'est une alternative qui subit bien des vicissitudes dans le cœur des femmes.

Le temps n'est-il pas le passe-partout de l'oubli?

FIN DU PROLOGUE.

www.ingramcontent.com/pod-product-compliance
Ingram Content Group UK Ltd.
Pitfield, Milton Keynes, MK11 3LW, UK
UKHW021110290826
14628UKWH00014B/1558

9 782019 653033